企业刑事风险与合规研究

蔡 瑛 黄瑞阳◎著

安徽师范大学出版社
ANHUI NORMAL UNIVERSITY PRESS
·芜湖·

图书在版编目(CIP)数据

企业刑事风险与合规研究 / 蔡瑛, 黄瑞阳著. -- 芜湖 : 安徽师范大学出版社, 2024. 8
ISBN 978-7-5676-6657-3

Ⅰ.①企… Ⅱ.①蔡…②黄… Ⅲ.①企业法—研究—中国②刑事犯罪—风险管理—研究—中国 Ⅳ.①D922.291.914②D924.114

中国国家版本馆CIP数据核字(2024)第048466号

企业刑事风险与合规研究　　　　　　　　　　　　　蔡 瑛　黄瑞阳◎著

责任编辑 : 胡志立　　　　　　　责任校对 : 陈贻云
装帧设计 : 张　玲　汤彬彬　　　责任印制 : 桑国磊
出版发行 : 安徽师范大学出版社
　　　　　　芜湖市北京中路2号安徽师范大学赭山校区
网　　址 : http://www.ahnupress.com/
发 行 部 : 0553-3883578　5910327　5910310(传真)
印　　刷 : 苏州市古得堡数码印刷有限公司
版　　次 : 2024年8月第1版
印　　次 : 2024年8月第1次印刷
规　　格 : 700 mm×1000 mm　1/16
印　　张 : 12.25
字　　数 : 192千字
书　　号 : 978-7-5676-6657-3
定　　价 : 49.80元

凡发现图书有质量问题,请与我社联系(联系电话:0553-5910315)

目 录

导　论

　　近年来，在围绕企业治理、问责制和道德规范的讨论中，企业犯罪风险和合规问题已成为焦点。企业在运营中努力预防、发现和应对企业犯罪活动，但在快速变化的监管环境中仍面临着无数挑战。本书旨在全面概述企业容易面临的刑事风险、有效的合规实践，以及合规在减轻企业刑事责任方面的作用。

　　企业刑事风险是指由于企业、企业员工或企业代理人的非法行为而导致企业面临刑事诉讼和处罚的潜在风险。这些风险来自各个方面，可大体归为以下四类：第一，企业的内部不当行为：员工或相关人员可能参与欺诈、挪用公款、内幕交易或贿赂等犯罪活动，这些非法行为可能会导致企业重大的财务损失、声誉损害，并可能会受到监管处罚；第二，不遵守法律法规：在高度监管行业经营的企业可能面临不遵守管理其活动的相关法律法规的风险，不遵守这些要求可能会导致企业面临刑事责任或其他处罚，并造成声誉损害；第三，第三方风险：企业可能因其与从事非法活动的第三方供应商或合作伙伴的关系而面临刑事责任，这种风险可能源于尽职调查不足、监督不足或合同义务不明确等；第四，跨境风险：由于不同司法管辖区的监管要求不同且有时还可能相互冲突，跨国企业面临更高的刑事风险，跨境经营可能会使企业面临额外的风险，例如洗钱、逃税以及因违反国际贸易法律而受到制裁等。

　　企业合规是指企业在经营管理过程中，通过制定内部规章制度，充分遵守法律法规、道德伦理和商业准则，积极地维护企业的声誉和形象，保障企业的长期稳定发展，其在本质上是一种企业的内部管理。一方面，企业合规操作是预防企业刑事法律风险相对有效的措施，能够最大限度地防控来源于企业内部或外部的刑事法律风险[①]；另一方面，企业合规的核心理念是"合法合规"，也就是在遵守法律法规的同时注重内部规章制度的建设和执行，强化对员工和业务合作伙伴的管理和监督，建立健全的合规体系和合规文化。在与外部规范的结构耦合的角度，企业合规也是企业内部经营管理行为同外部规范之间的一种"映射"，使企业经营管理不违背外部规范。当然，这种外部规范的范围不应限定为刑事法律规范领域，只是刑事法律规范无疑是企业合规的首要关注领域，注重企业经营管理使其符合刑事法律规范要求，从而达到防控刑事法律风险的效果。具体来说，企业刑事合规内容主要包括以下几个方面：第一，守法合规，企业需要遵守相关的法律法规，如公司法、劳动法、税法、环境保护法等，即在经营管理的各个环节中，将法律法规纳入企业规章制度，明确各部门的职责和义务，建立完善的内部控制体系，对违法犯罪行为进行风险评估和管控；第二，道德伦理合规，即企业在经营过程中需要注重道德伦理和商业准则的约束，避免不正当竞争、商业贿赂、信息泄露等违背社会公德和商业道德的行为，维护企业形象和信誉；第三，内部管理合规，企业需要建立完善的内部管理制度和流程，包括内部控制、内部审计、内部监督等，加强对员工和业务合作伙伴的管理与监督，确保各项工作有序进行，减少内部纠纷，降低经营风险。

需要指出的是，一般而言，企业合规风险（面临合规风险）表现为企业内部人员或机构实施的同企业经营相关的犯罪风险，此类犯罪并未体现出企业的整体意志，而是企业内部个别个体实施犯罪的风险，也是企业刑事合规风险最为常见的领域。此类企业刑事合规风险存在于从企业成立、发展直至破产清算的全流程，分布于企业经营管理的各个环节。商业贿赂犯罪是企业刑事合规风险中最突出的犯罪，常见的罪名有贪污罪、职务侵

[①] 韩轶：《企业刑事合规的风险防控与建构路径》，《法学杂志》2019年第9期。

占罪、受贿罪、非国家工作人员受贿罪、行贿罪等。企业内部人员和机构的犯罪一旦产生，其犯罪行为必然会给企业带来严重危害，企业人员特别是企业高管或企业机构被追究刑事责任将会严重影响企业后续的发展，实践中不乏企业高管被追究刑事责任，导致整个企业最终走向破产的现实案例。①

不仅如此，企业合规风险还进一步表现为单位犯罪风险，即企业作为一个整体实施犯罪行为。集中体现在不正当竞争、垄断、违法招投标、生产安全风险和生产污染、生产销售伪劣产品、逃税、虚开发票、购买发票、出售发票等犯罪领域。同企业内部人员和机构实施的犯罪不同，企业整体实施的犯罪体现了企业的整体意志。对此问题需要注意的是，企业在创设之初，必然是一种以合法经营为目标的市场主体，如果创设企业就是为了实施犯罪，则其本身就不具有单位犯罪的主体资格，成立企业本身就属于实施犯罪的工具或预备行为，就不存在企业是否合规或涉及单位犯罪的问题。因此，企业在创设之初就应当建立确保企业未来经营过程中一直坚持合法经营的企业合规机制，特别是在刑事合规领域要具有一定的独立性，不能随着企业高级管理层意志的变动而随意调整。②在刑事法领域，传统中我国刑法对企业的犯罪持一种相对保守的态度，没有规定单位犯罪主体。但是近些年的刑事政策整体趋向于刑法干预早期化、扩大化、能动化③，刑法修正案针对公司企业设立了许多新的罪名，或者是在原有罪名的基础上增加了单位犯罪主体。这些变化意味着我国刑法越来越重视企业的刑事责任，在这种背景下，加强刑事合规风险防控成为企业合规研究的重点关注领域。

---

① 参见张纵华：《民营企业高管行贿犯罪风险防范对策研究》，《人民法治》2018年第10期。

② 参见周振杰：《企业适法计划与企业犯罪预防》，《法治研究》2012年第4期。

③ 参见何荣功：《预防刑法的扩张及其限度》，《法学研究》2017年第4期。

（一）企业合规制度的历史发展

在国际社会中，企业合规制度是一个十分重要的话题。各国政府和国际组织在不断完善相关法律法规的同时，也在积极推动企业建立合规制度，以规范企业的经营行为，促进企业的可持续发展。国际上，企业合规真正作为一种同外部法律规范结合起来的固定化制度，是在19世纪末期的美国，1887年美国的《州际商业法》是最早同企业合规相关联的成文法，其首次以法律文本的形式规定了行业自律和企业内部监管内容。自此之后，美国又陆续颁布了一系列的企业监管法律（其中金融领域和垄断领域是当时监管的重点领域），为了回应外部的法律要求，美国金融企业最早提出了"合规"这一概念，旨在通过加强金融企业内部的法律风险管理，避免金融企业由于违背监管法律而受到当时的金融监管浪潮影响而受处罚。①20世纪60年代，一些国家开始制定反腐败法律法规，并要求企业建立内部合规制度，以保障商业活动的公正、公平和透明，这些国家包括美国、英国、德国等。美国于1977年和1991年分别颁布了《反海外腐败法》（FCPA）和《联邦组织体量刑指南》，前者明确了企业在预防犯罪中的内部管理法律义务，并通过法律自身的"长臂管辖"将这一义务从美国国内企业扩张到同美国开展业务的所有企业；后者则明确了企业合规的概念、基本内容和法律激励机制。自此，企业合规问题成了国际大市场与企业经营管理中不能被忽视的要素。近年来，随着信息技术的发展，企业合规制度进入了数字化时代。企业通过数字化技术建立合规管理系统，提高合规管理的效率和准确性，从而更好地遵守相关法律法规和内部规章制度。数字化技术帮助企业更好地跟踪和分析经营活动中的风险，及时发现和解决合规问题，这表明企业合规步入一个新的变革与转型期。

不过由于政治、社会、文化等方面因素的影响，企业合规制度的发展也呈现出了地域性与差异性。例如，在一些相对封闭的国家，政府对企业

---

① 参见万方：《企业合规刑事化的发展及启示》，《中国刑事法杂志》2019年第2期。

合规制度的要求可能不那么严格，而在一些相对开放的国家，政府对企业合规制度的要求会较高。因此，企业要在遵守国家法律法规的前提下，结合当地文化传统和社会习惯，建立合理有效的内部合规制度。

（二）企业刑事合规计划的作用

有效的合规计划在降低企业犯罪风险方面具有以下几个重要作用。

第一，预防刑事风险：企业通过合规计划建立明确的政策和程序，为员工提供适当的培训，可以预防员工或高级管理人才（简称高管）等人从事非法活动。

第二，预先发现犯罪活动：合规计划应包括监测和审计企业活动的机制，以及让员工对潜在不当行为提出担忧的报告渠道。这些措施可以帮助企业在早期阶段发现犯罪活动，使企业能够及时采取纠正措施并减轻潜在的危害。

第三，及时应对犯罪活动：当发现犯罪活动时，合规计划可以及时提供调查框架，尽早采取适当的纪律处分或补救行动。

第四，减轻责任：在许多司法管辖区，企业通过证明实施了有效的合规计划来减轻其刑事责任。这样的计划不仅可以作为减刑的因素，甚至可以在某些情况下保护企业免受起诉。

第五，提高企业竞争力：在现代市场经济中，企业除了需要具备核心竞争力外，还需要具备诚信和合规经营的形象和信誉。通过建立健全的企业内部合规制度，企业能够更好地履行社会责任，树立诚信经营的形象，合法合规经营，从而提高客户和社会的信任度，提高企业的竞争力和市场份额。

此外，建立健全的企业内部合规制度可以保护企业的资产安全，这对于企业的生存和发展至关重要。企业的资产不仅包括实物资产，还包括企业的知识产权、商业机密等。通过建立健全的企业内部合规制度，更好地保护企业的知识产权和商业机密，保障企业的资产安全，提高员工合规意识，不仅能促进企业的健康发展，同时也能为企业的可持续发展提供有力保障。

（三）企业刑事合规计划的关键要素和具体措施

虽然合规计划必须根据每个企业的特征、风险概况和运营环境进行调整，但在宏观与共性上，有效的合规计划具有以下几个关键要素。

第一，领导（高管）承诺：企业领导（高管）必须对合规和道德行为做出明确承诺。这种承诺应该在企业中频繁和持续地传达，为合规文化定下基调。

第二，风险评估：企业应定期进行风险评估，以确定其面临的企业犯罪风险。评估时应考虑企业活动的性质、监管环境以及企业合规和不当行为的历史等因素。

第三，方针和程序：根据风险评估的结果，企业应制定并实施书面的方针和程序，以处理已识别的风险。这些方针和程序的具体内容应该清晰、简洁，并易于员工理解。

第四，培训和沟通：企业应定期对员工进行包括合规方针和程序以及企业对道德行为的承诺等内容的培训。培训内容应根据员工的具体需求和角色进行调整更新，以及对反映监管环境或企业风险状况的变化。

第五，监视和审计：合规计划应包括对企业活动进行持续监视和审计内容，以确保遵守相关政策和程序。这可能涉及内部和外部审计，以及对合规计划本身的定期审查，以评估其有效性。

第六，报告和调查：企业应建立报告机制，如开通热线电话或匿名举报等渠道，以便员工对潜在的不当行为进行关注并及时报告。当收到犯罪活动的指控时，企业能迅速启动调查程序，并提出有效的解决方案。

第七，执法和补救：当发现员工或代理人有不当行为时，企业应迅速采取适当的纪律行动，实施补救措施，包括在必要时终止劳动合同等，以解决其合规计划中发现的问题，并防止未来可能会发生的不当行为。

　　因此，企业刑事合规计划要明确其基本内容和一般方案，实现企业刑事合规制度的任务，具体措施包括：第一，建立合规政策和标准，明确合规目标和要求，以确保企业活动符合法律法规、行业标准和道德规范。合规政策和标准应该包括企业的价值观、行为准则、各项规定、管理流程等内容，并根据企业的具体情况和业务特点进行调整和补充。同时，企业还应当建立相应的合规体系，并针对企业的业务特点进行定制化的规定，如建立财务、税务、反垄断、环境保护等方面的内部规定，对于金融机构来说，应该建立反洗钱和反恐怖融资合规制度。第二，指定高层人员监督企业的合规政策与标准的执行。企业应该指定高层人员负责监督企业的合规政策与标准的执行情况。这些高层人员应该拥有足够的权威和知识背景，能够发现并解决合规风险，监督企业各部门和员工的合规情况，对违反合规政策的行为进行制止和处理。高层人员还应该定期向董事会和其他监管机构报告合规情况。第三，不聘用在尽职调查期间了解到具有犯罪前科记录的高管。如果候选人有犯罪前科记录，企业不应该聘用其担任高管，这是因为具有犯罪前科的人员可能会给企业带来严重的合规风险，企业应该避免这种风险。第四，企业应该给所有员工定期进行培训，普及企业的合规政策和标准以及合规文化，以确保员工能够理解和遵守企业的合规要求。培训形式包括面对面的培训、在线课程、研讨会等，让员工认识到合规的重要性，增强合规意识。第五，企业应采取合理措施，以实现企业标准下的合规。这些措施可以包括建立监测、审计系统和建立违规举报制度，来监测员工的犯罪行为，帮助企业发现潜在的合规风险和违规行为，进而及时采取措施，避免或减轻合规风险，有效地遏制违规行为的发生和扩散。第六，企业应该建立合理的惩戒机制，对违反合规标准的高管和员工进行严格处罚，以示警诫。惩戒措施包括口头警告、书面警告、停职、降职、罚款、解雇等，具体措施应该根据违规情节的严重程度、员工的态度等因素进行权衡和裁量。第七，建立企业刑事犯罪回应机制。当企业或企业高管已经涉嫌犯罪，进入刑事诉讼程序后，刑事合规服务将充分发挥自身优势，结合企业自身处境，具体问题具体分析，拿出优质可行的解决方案，帮助企业了解涉嫌的罪名及可能面临的刑事处罚，为面对违法调查提供法律指引，积极收集无罪、罪轻的证据，将刑事犯罪对企业的损害降至最低。事后，企业应该采取必要的合理措施来应对犯罪行为，并预防类似行为发生，如修改完善合规计划等。

本书围绕企业在司法实践中常见以及常涉及的刑事风险与犯罪进行逐一分析，这些分析有助于企业将这些刑事风险的规避路径融入其合规建设中，让企业尽可能地减少刑事风险。在个罪中，第一部分列出与该罪直接或间接相关的规范性文件，包括法律、行政法规、司法解释等；第二部分对该罪进行解释学分析，列出关于该罪的各种理论与实务观点；第三部分列举与该罪相关的典型案例，以典型行为模式的裁判方向、复杂案件的裁判核心观点与说理的呈现为主。

一、生产、销售伪劣产品罪

（一）相关的规范性文件

1.《中华人民共和国刑法》

第一百四十条 生产者、销售者在产品中掺杂、掺假，以假充真，以次充好或者以不合格产品冒充合格产品，销售金额五万元以上不满二十万元的，处二年以下有期徒刑或者拘役，并处或者单处销售金额百分之五十以上二倍以下罚金；销售金额二十万元以上不满五十万元的，处二年以上七年以下有期徒刑，并处销售金额百分之五十以上二倍以下罚金；销售金额五十万元以上不满二百万元的，处七年以上有期徒刑，并处销售金额百分之五十以上二倍以下罚金；销售金额二百万元以上的，处十五年有期徒刑或者无期徒刑，并处销售金额百分之五十以上二倍以下罚金或者没收财产。

2.最高人民法院、最高人民检察院《关于办理生产、销售伪劣商品刑事案件具体应用法律若干问题的解释》

第一条 刑法第一百四十条规定的"在产品中掺杂、掺假"，是指在产品中掺入杂质或者异物，致使产品质量不符合国家法律、法规或者产品明示质量标准规定的质量要求，降低、失去应有使用性能的行为。

刑法第一百四十条规定的"以假充真"，是指以不具有某种使用性能的产品冒充具有该种使用性能的产品的行为。

刑法第一百四十条规定的"以次充好"，是指以低等级、低档次产品冒充高等级、高档次产品，或者以残次、废旧零配件组合、拼装后冒充正品或者新产品的行为。

刑法第一百四十条规定的"不合格产品"，是指不符合《中华人民共和国产品质量法》第二十六条第二款规定的质量要求的产品。

对本条规定的上述行为难以确定的，应当委托法律、行政法规规定的产品质量检验机构进行鉴定。

第二条 刑法第一百四十条、第一百四十九条规定的"销售金额"，是指生产者、销售者出售伪劣产品后所得和应得的全部违法收入。

伪劣产品尚未销售，货值金额达到刑法第一百四十条规定的销售金额3倍以上的，以生产、销售伪劣产品罪（未遂）定罪处罚。

货值金额以违法生产、销售的伪劣产品的标价计算；没有标价的，按照同类合格产品的市场中间价格计算。货值金额难以确定的，按照国家计划委员会、最高人民法院、最高人民检察院、公安部1997年4月22日联合发布的《扣押、追缴、没收物品估价管理办法》的规定，委托指定的估价机构确定。

多次实施生产、销售伪劣产品行为，未经处理的，伪劣产品的销售金额或者货值金额累计计算。

第三条 经省级以上药品监督管理部门设置或者确定的药品检验机构鉴定，生产、销售的假药具有下列情形之一的，应认定为刑法第一百四十一条规定的"足以严重危害人体健康"：

（一）含有超标准的有毒有害物质的；

（二）不含所标明的有效成分，可能贻误诊治的；

（三）所标明的适应症或者功能主治超出规定范围，可能造成贻误诊治的；

（四）缺乏所标明的急救必需的有效成分的。

生产、销售的假药被使用后，造成轻伤、重伤或者其他严重后果的，应认定为"对人体健康造成严重危害"。

生产、销售的假药被使用后，致人严重残疾、3人以上重伤、10人以上轻伤或者造成其他特别严重后果的，应认定为"对人体健康造成特别严重危害"。

第四条 经省级以上卫生行政部门确定的机构鉴定，食品中含有可能导致严重食物中毒事故或者其他严重食源性疾患的超标准的有害细菌或者其他污染物的，应认定为刑法第一百四十三条规定的"足以造成严重食物中毒事故或者其他严重食源性疾患"。

生产、销售不符合卫生标准的食品被食用后，造成轻伤、重伤或者其他严重后果的，应认定为"对人体健康造成严重危害"。

生产、销售不符合卫生标准的食品被食用后，致人死亡、严重残疾、3人以上重伤、10人以上轻伤或者造成其他特别严重后果的，应认定为"后果特别严重"。

第五条 生产、销售的有毒、有害食品被食用后，造成轻伤、重伤或者其他严重后果的，应认定为刑法第一百四十四条规定的"对人体健康造成严重危害"。

生产、销售的有毒、有害食品被食用后，致人严重残疾、3人以上重伤、10人以上轻伤或者造成其他特别严重后果的，应认定为"对人体健康造成特别严重危害"。

第六条 生产、销售不符合标准的医疗器械、医用卫生材料，致人轻伤或者其他严重后果的，应认定为刑法第一百四十五条规定的"对人体健康造成严重危害"。

生产、销售不符合标准的医疗器械、医用卫生材料，造成感染病毒性肝炎等难以治愈的疾病、1人以上重伤、3人以上轻伤或者其他严重后果的，应认定为"后果特别严重"。

生产、销售不符合标准的医疗器械、医用卫生材料，致人死亡、严重残疾、感染艾滋病、3人以上重伤、10人以上轻伤或者造成其他特别严重后果的，应认定为"情节特别恶劣"。

医疗机构或者个人，知道或者应当知道是不符合保障人体健康的国家标准、行业标准的医疗器械、医用卫生材料而购买、使用，对人体健康造成严重危害的，以销售不符合标准的医用器材罪定罪处罚。

没有国家标准、行业标准的医疗器械，注册产品标准可视为"保障人体健康的行业标准"。

第七条 刑法第一百四十七条规定的生产、销售伪劣农药、兽药、化肥、种子罪中"使生产遭受较大损失"，一般以2万元为起点；"重大损失"，一般以10万元为起点；"特别重大损失"，一般以50万元为起点。

第八条 国家机关工作人员徇私舞弊，对生产、销售伪劣商品犯罪不履行法律规定的查处职责，具有下列情形之一的，属于刑法第四百一十四条规定的"情节严重"：

（一）放纵生产、销售假药或者有毒、有害食品犯罪行为的；

（二）放纵依法可能判处2年有期徒刑以上刑罚的生产、销售伪劣商品犯罪行为的；

（三）对3个以上有生产、销售伪劣商品犯罪行为的单位或者个人不履行追究职责的；

（四）致使国家和人民利益遭受重大损失或者造成恶劣影响的。

第九条 知道或者应当知道他人实施生产、销售伪劣商品犯罪，而为其提供贷款、资金、账号、发票、证明、许可证件，或者提供生产、经营场所或者运输、仓储、保管、邮寄等便利条件，或者提供制假生产技术的，以生产、销售伪劣商品犯罪的共犯论处。

第十条 实施生产、销售伪劣商品犯罪，同时构成侵犯知识产权、非法经营等其他犯罪的，依照处罚较重的规定定罪处罚。

第十一条 实施刑法第一百四十条至第一百四十八条规定的犯罪，又以暴力、威胁方法抗拒查处，构成其他犯罪的，依照数罪并罚的规定处罚。

第十二条 国家机关工作人员参与生产、销售伪劣商品犯罪的，从重处罚。

3.最高人民法院、最高人民检察院《关于办理危害药品安全刑事案件适用法律若干问题的解释》

第十条 办理生产、销售、提供假药、生产、销售、提供劣药、妨害药品管理等刑事案件，应当结合行为人的从业经历、认知能力、药品质量、进货渠道和价格、销售渠道和价格以及生产、销售方式等事实综合判断认定行为人的主观故意。具有下列情形之一的，可以认定行为人有实施相关犯罪的主观故意，但有证据证明确实不具有故意的除外：

（一）药品价格明显异于市场价格的；

（二）向不具有资质的生产者、销售者购买药品，且不能提供合法有效的来历证明的；

（三）逃避、抗拒监督检查的；

（四）转移、隐匿、销毁涉案药品、进销货记录的；

（五）曾因实施危害药品安全违法犯罪行为受过处罚，又实施同类行为的；

（六）其他足以认定行为人主观故意的情形。

4.最高人民法院、最高人民检察院《关于办理危害食品安全刑事案件适用法律若干问题的解释》

第十条 刑法第一百四十四条规定的"明知"，应当综合行为人的认知能力、食品质量、进货或者销售的渠道及价格等主、客观因素进行认定。

具有下列情形之一的，可以认定为刑法第一百四十四条规定的"明知"，但存在相反证据并经查证属实的除外：

（一）长期从事相关食品、食用农产品生产、种植、养殖、销售、运输、贮存行业，不依法履行保障食品安全义务的；

（二）没有合法有效的购货凭证，且不能提供或者拒不提供销售的相关食品来源的；

（三）以明显低于市场价格进货或者销售且无合理原因的；

（四）在有关部门发出禁令或者食品安全预警的情况下继续销售的；

（五）因实施危害食品安全行为受过行政处罚或者刑事处罚，又实施同种行为的；

（六）其他足以认定行为人明知的情形。

5.最高人民法院、最高人民检察院《关于办理非法生产、销售烟草专卖品等刑事案件具体应用法律若干问题的解释》

第一条　生产、销售伪劣卷烟、雪茄烟等烟草专卖品，销售金额在五万元以上的，依照刑法第一百四十条的规定，以生产、销售伪劣产品罪定罪处罚。

......

第二条　伪劣卷烟、雪茄烟等烟草专卖品尚未销售，货值金额达到刑法第一百四十条规定的销售金额定罪起点数额标准的三倍以上的，或者销售金额未达到五万元，但与未销售货值金额合计达到十五万元以上的，以生产、销售伪劣产品罪（未遂）定罪处罚。

销售金额和未销售货值金额分别达到不同的法定刑幅度或者均达到同一法定刑幅度的，在处罚较重的法定刑幅度内酌情从重处罚。

查获的未销售的伪劣卷烟、雪茄烟，能够查清销售价格的，按照实际销售价格计算。无法查清实际销售价格，有品牌的，按照该品牌卷烟、雪茄烟的查获地省级烟草专卖行政主管部门出具的零售价格计算；无品牌的，按照查获地省级烟草专卖行政主管部门出具的上年度卷烟平均零售价格计算。

第四条　法经营烟草专卖品，能够查清销售或者购买价格的，按照其销售或者购买的价格计算非法经营数额。无法查清销售或者购买价格的，按照下列方法计算非法经营数额：

（一）查获的卷烟、雪茄烟的价格，有品牌的，按照该品牌卷烟、雪茄烟的查获地省级烟草专卖行政主管部门出具的零售价格计算；无品牌的，按照查获地省级烟草专卖行政主管部门出具的上年度卷烟平均零售价格计算；

（二）查获的复烤烟叶、烟叶的价格按照查获地省级烟草专卖行政主管部门出具的上年度烤烟调拨平均基准价格计算；

（三）烟丝的价格按照第（二）项规定价格计算标准的一点五倍计算；

（四）卷烟辅料的价格，有品牌的，按照该品牌辅料的查获地省级烟草专卖行政主管部门出具的价格计算；无品牌的，按照查获地省级烟草专卖行政主管部门出具的上年度烟草行业生产卷烟所需该类卷烟辅料的平均价格计算；

（五）非法生产、销售、购买烟草专用机械的价格按照国务院烟草专卖行政主管部门下发的全国烟草专用机械产品指导价格目录进行计算；目录中没有该烟草专用机械的，按照省级以上烟草专卖行政主管部门出具的目录中同类烟草专用机械的平均价格计算。

第五条　行为人实施非法生产、销售烟草专卖品犯罪，同时构成生产、销售伪劣产品罪、侵犯知识产权犯罪、非法经营罪的，依照处罚较重的规定定罪处罚。

第六条　明知他人实施本解释第一条所列犯罪，而为其提供贷款、资金、账号、发票、证明、许可证件，或者提供生产、经营场所、设备、运输、仓储、保管、邮寄、代理进出口等便利条件，或者提供生产技术、卷烟配方的，应当按照共犯追究刑事责任。

第七条　办理非法生产、销售烟草专卖品等刑事案件，需要对伪劣烟草专卖品鉴定的，应当委托国务院产品质量监督管理部门和省、自治区、直辖市人民政府产品质量监督管理部门指定的烟草质量检测机构进行。

6.最高人民检察院、公安部关于印发《最高人民检察院、公安部关于公安机关管辖的刑事案件立案追诉标准的规定（一）》的通知

第十六条 ［生产、销售伪劣产品案（刑法一百四十条）］生产者、销售者在产品中掺杂、掺假，以假充真，以次充好或者以不合格产品冒充合格产品，涉嫌下列情形之一的，应予立案追诉：

（一）伪劣产品销售金额五万元以上的；

（二）伪劣产品尚未销售，货值金额十五万元以上的；

（三）伪劣产品销售金额不满五万元，但将已销售金额乘以三倍后，与尚未销售的伪劣产品货值金额合计十五万元以上的。

本条规定的"掺杂、掺假"，是指在产品中掺入杂质或者异物，致使产品质量不符合国家法律、法规或者产品明示质量标准规定的质量要求，降低、失去应有使用性能的行为；"以假充真"，是指以不具有某种使用性能的产品冒充具有该种使用性能的产品的行为；"以次充好"，是指以低等级、低档次产品冒充高等级、高档次产品，或者以残次、废旧零配件组合、拼装后冒充正品或者新产品的行为；"不合格产品"，是指不符合《中华人民共和国产品质量法》第二十六条第二款规定的质量要求的产品。

对本条规定的上述行为难以确定的，应当委托法律、行政法规规定的产品质量检验机构进行鉴定。本条规定的"销售金额"，是指生产者、销售者出售伪劣产品后所得和应得的全部违法收入；"货值金额"，以违法生产、销售的伪劣产品的标价计算；没有标价的，按照同类合格产品的市场中间价格计算。货值金额难以确定的，按照《扣押、追缴、没收物品估价管理办法》的规定，委托估价机构进行确定。

（二）罪状阐述

《刑法》第一百四十条规定的生产、销售伪劣产品罪包含于生产、销售伪劣商品罪类犯罪中，是生产、销售伪劣商品罪这一类型犯罪中的一

种，而生产、销售伪劣商品罪中包含10种具体犯罪，生产、销售伪劣产品罪与其他9种犯罪是普通法与特别法的法条竞合关系。所有生产、销售伪劣商品罪的犯罪主体都必须是生产者与销售者，这里的"生产者与销售者"既包括自然人也包括单位，主观方面均为故意，通常以非法牟利为目的，客观方面只需具备生产或销售中任一行为即可构成犯罪①。此外，这10种犯罪均属于片面对向犯，生产、销售伪劣商品构成犯罪，明知是伪劣商品而购买的行为，不构成其共犯。但明知是伪劣商品，购买后再销售的行为，则可能单独构成销售伪劣商品罪。本章主要分析的是最具有典型性的生产、销售伪劣产品罪。

关于生产、销售伪劣产品罪，《刑法》第一百四十条规定："生产者、销售者在产品中掺杂、掺假，以假充真，以次充好或者以不合格产品冒充合格产品，销售金额五万元以上……"从立法的文字看，生产、销售伪劣产品罪的构成要件包括了"生产、销售伪劣产品"以及"销售金额"两个方面。而从立法规定来看，本罪并未设立空白罪状，即未将"违反国家产品质量管理法规的伪劣产品"进行细致规定，只是在罪状中将产品质量管理法规的部分客观行为具体化。②即概括了"掺杂、掺假，以假充真，以次充好或者以不合格产品冒充合格产品"几种具体行为表现形式。最高人民法院、最高人民检察院《关于办理生产、销售伪劣商品刑事案件具体应用法律若干问题的解释》对这几种具体行为作出进一步阐释：《刑法》第一百四十条规定的"在产品中掺杂、掺假"，是指在产品中掺入杂质或者异物，致使产品质量不符合国家法律、法规或者产品明示质量标准规定的

---

① 这10种生产、销售伪劣商品罪中包含三种具体危险犯、两种抽象危险犯和五种结果犯。三种具体危险犯：生产、销售不符合安全标准的食品罪，生产、销售不符合标准的医用器材罪，妨害药品管理罪。构成这三种犯罪，必须达到足以危及人体健康的具体危险。两种抽象危险犯：生产、销售有毒、有害食品罪，生产、销售、提供假药罪。只要在生产、销售的食品中掺入有毒、有害的非食品原料的，或者销售明知掺有有毒、有害的非食品原料的食品的，或者明知是假药而生产、销售、提供的，就构成犯罪。五种结果犯：生产、销售伪劣产品罪，生产、销售、提供劣药罪，生产、销售不符合安全标准的产品罪，生产、销售伪劣农药、兽药、化肥、种子罪，生产、销售不符合卫生标准的化妆品。这五种犯罪，必须出现法定结果，才成立犯罪既遂。

② 张明楷：《刑法学》(第5版)，法律出版社2016年版，第735页。

质量要求，降低、失去应有使用性能的行为。《刑法》第一百四十条规定的"以假充真"，是指以不具有某种使用性能的产品冒充具有该种使用性能的产品的行为。《刑法》第一百四十条规定的"以次充好"，是指以低等级、低档次产品冒充高等级、高档次产品，或者以残次、废旧零配件组合、拼装后冒充正品或者新产品的行为。《刑法》第一百四十条规定的"不合格产品"，是指不符合《产品质量法》第二十六条第二款规定的质量要求的产品。不过，上述补充阐释也未能详尽，于是在后又列："对本条规定的上述行为难以确定的，应当委托法律、行政法规规定的产品质量检验机构进行鉴定。"从上述规定来看，该司法解释将《产品质量法》中规定的产品质量标准确立为本罪中不合格产品的认定标准，并且明确了产品质量鉴定意见在"伪劣产品"性质判定中的地位与作用。即便如此，"伪劣产品"的性质判定标准依然非常模糊，因为从司法实践角度看，"伪劣产品"涉及领域多种多样，可引用的前置法不仅仅是《产品质量法》，可能还涉及《标准化法》《计量法》《工业产品质量责任条例》《煤炭法》等特殊法条，甚至部门规章、地方性法规、行业标准等规范性文件，而不同规范性文件之间的"产品质量标准"的量度以及衡量的维度不尽相同。

具体来看关于伪劣产品的界定标准，如上所述，一般而言行为人采用的欺骗性的方式包括：（1）掺杂、掺假；（2）以假充真；（3）以次充好；（4）以不合格产品冒充合格产品。

首先，关于掺杂、掺假行为，最好人民法院、最高人民检察院《关于办理生产、销售伪劣商品刑事案件具体应用法律若干问题的解释》中将其解释为在产品中掺入杂质或者异物，致使产品质量不符合国家法律、法规或者产品明示质量标准规定的质量要求，降低、失去应有使用性能的行为。一般而言，所谓掺杂，指在产品中掺入本产品一般情况下并不含有的非常规成分物质。换言之，这个"杂"可理解为"含杂率"，即杂质。而所谓掺假，是指在产品中掺入本产品一般情况下不含有的非本产品物质，即异物。"杂"和"假"与原产品都不是同种物质，这是二者的共同之处。但"杂"和"假"的不同之处在于，"杂"是原产品在一般情况下所含有的，而"假"却不是如此。因为产品在生产、加工过程中必然与环境中的物质相接触，不可避免地含有其他物质，"其他物质"就是"杂"。如小麦中含有草籽、砂粒、尘土等，这些物质可谓"杂"；如果是在小麦里掺杂了一些小米，这就可谓"假"。此外，"杂"与原产品在外形、颜色上一般差别很大，而"假"则恰恰相反。这里所讲的是指掺杂、掺假的物品失去了它的本来性能，降低了、失去了它的本来性能。也就是说，"掺杂""掺假"有一个程度问题，即"杂""假"与产品总量的比例。

其次，关于以假充真的行为，一般是指以不具有某种使用性能的产品冒充具有该种使用性能的产品的行为。这一解释是根据事物的使用性能来界定"假"与"真"。一般来说，不同的事物具有不同的使用性能。但对产品而言，一般被注重的正是使用性能。以不具有某种使用性能的产品冒充具有该种使用性能的产品，就侵犯了消费者合法权益。"真"物与"假"物使用性能的差异体现了以假充真行为的社会危害程度。从这个角度来讲，这一解释具有合理性。但是，"假"与"真"的区别并不仅在使用性能上，其根本不同在于事物的内部结构、组成不同。不同的事物可以具有同样的使用性能，有时只不过是在性能的程度上存在差异。[①]例如，对于服装类产品而言，服装的成分与标牌的成分不符，违反了《产品质量法》中有关产品质量的规定，属于经济性违法行为（如果是"A货"则可能构成侵犯知识产权方面的犯罪），但此类服装并未丧失其使用性能，如果消费者本就是想通过较低的价格购买品牌服饰，那么就难以认为其财产权受到侵害。也就是说，对于《产品质量法》规范的违反并非必然导致对消费者合法权益的侵害。另外，此处引出的另一个问题是：将管理制度或秩序作为本罪所保护法益可能存在问题，对管理制度或秩序的违反并不一定必然导向利益伤害。在日常生活中，常会出现消费者在明知是假冒伪劣产品的情况下，仍自愿以较低的价值购买假冒的名牌服饰、箱包、饰品的情况。这些物品的特征在于其装饰性，即不存在技术上的使用价值，其价值

[①] 参见周洪波：《生产、销售伪劣产品罪司法认定问题研究》，《国家检察官学院学报》2004年第1期。

仅仅在于形状、色彩的组合，只要在外观上起到相应效果就可以达到消费者的期望。因此在消费者合法权益没有受到损害的情况下，若将生产、销售此类物品的行为纳入本罪的打击范围，有违公众的基本认知，对此学界也基本达成共识，只是司法实践中的处理仍有不同。例如佐某、金某某、詹某某生产、销售伪劣产品案，被告人从某羊毛衫市场购进白坯T恤衫、衬衫、羊毛衫等，委托加工点对购得的白坯服装进行成分绣标和贴牌加工，以某知名品牌服装在网店进行销售，被认定构成生产、销售伪劣产品罪。①同时，"以假充真"与上述"掺假"不同的是，二者存在含量差别，"以假充真"是以一个"假"的完整物代替了一个"真"的完整物，或者以含量论的话（例如饮品里某物的含量），"以假充真"具有显著的"含量不足性"；而"掺假"只是在比例上小幅不足，一般而言程度较"以假充真"更轻。

再次，关于以次充好的行为，是指以同种但品质较差的合格产品冒充品质较好的合格产品或者以同种但品质较差的不合格产品冒充品质较好的不合格或合格产品。"次"与"好"是就同种产品不同质级而言的，"好"相对于"次"而言（相对性比较），但是"好"不一定就是合格的，而"次"也不一定就是不合格的。产品在一般情况下有等级之分，高等级的产品相对于低等级的产品就存在"好"与"次"的区别，但符合某一等级的产品，对该等级的标准来说又是合格的。换言之，"好"与"次"是就质地等级而言，不是就合不合格而言。因此，强调"以次充好"是合格产品与合格产品之间或者不合格产品与不合格产品之间的冒充，这是不正确的，最高人民法院、最高人民检察院《关于办理生产、销售伪劣商品刑事案件具体应用法律若干问题的解释》第一条中明确指出，"以次充好"，是指以低等级、低档次产品冒充高等级、高档次产品，或者以残次、废旧零配件组合、拼装后冒充正品或者新产品的行为。这一解释强调了"以次充好"仅仅基于产品的等级的评价维度，并不涉及产品合格与否，换言之，即便用了"好"物而非"次"物，同样存在产品质量不达标的可能性。

----

① 参见桐乡市人民法院（2018）浙0483刑初321号刑事判决书。

最后，以不合格产品冒充合格产品，是指以同种但不符合特定要求和标准的产品冒充符合该特定要求和标准的同种产品。"不合格产品"指不符合《产品质量法》第二十六条规定的质量要求的产品。《产品质量法》第二十六条规定："产品质量应当符合下列要求：（一）不存在危及人身、财产安全的不合理的危险，有保障人体健康和人身、财产安全的国家标准、行业标准的，应当符合该标准；（二）具备产品应当具备的使用性能，但是，对产品存在使用性能的瑕疵作出说明的除外；（三）符合在产品或者其包装上注明采用的产品标准，符合以产品说明、实物样品等方式表明的质量状况。"根据《标准化法》第二条的规定，"标准包括国家标准、行业标准、地方标准和团体标准、企业标准。国家标准分为强制性标准、推荐性标准，行业标准、地方标准是推荐性标准"。《标准化法》第十条规定，"对保障人身健康和生命财产安全、国家安全、生态环境安全以及满足经济社会管理基本需要的技术要求，应当制定强制性国家标准。"但在无国家标准、行业标准、企业标准的情况下，通常按照社会通行的标准来衡量。这就涉及上文所述的情况，即不同规范性文件之间的"产品质量标准"的量度以及衡量的维度不尽相同。

关于生产、销售伪劣产品罪的法益。传统上认为，生产、销售伪劣产品罪所侵害的法益是国家对普通产品质量的管理制度或秩序，对此争议较小。[①]但问题是，抱持着"产品质量的管理制度或秩序"之法益保护的传统理解，可能又偏离了刑法根本目的的实现：经济法与刑法的规范保护目的不同。经济法将国家适度干预原则、社会本位原则作为基本原则，着重将"市场之手"与"国家之手"有机结合，实现市场机制与宏观调控之间的双向互动；而刑法更重视主体间的利益平衡，强调对社会民众根本利益

---

① 有观点认为,生产、销售伪劣产品罪在根本上侵害的是消费者的合法权益,而侵害行为发生的关键在于"欺骗性"。参见蔡颖:《在饲料添加剂中加入人药不构成生产、销售伪劣产品罪———以李某某案为例》,《河南警察学院学报》2020年第2期。还有观点认为,本罪的客体是复杂客体,即国家对产品质量的监督管理制度、市场管理制度和广大消费者的合法权益。参见高铭暄、马克昌主编:《刑法学》(第9版),北京大学出版社、高等教育出版社2019年版,第368页。

的平等保护①。如果将国家对普通产品质量的管理制度或秩序这种"经济行政秩序"作为生产、销售伪劣产品罪所保护的法益，很容易导致刑法成为经济法实施的强制手段，而无法保持其部门法的独立属性。因此，生产、销售伪劣产品罪对社会民众根本利益的平等保护的影响也需纳入考虑。换言之，不能只从管理制度或秩序对该罪所保护法益进行理解，还应当从刑法的规范保护目的出发，独立对其进行判断，符合犯罪化的基本原则与要求，而非完全依附于前置法的有关规定。具体而言，生产、销售伪劣产品罪在根本上侵害的是消费者的合法权益，关键在于"欺骗性"。因而在对生产、销售伪劣产品罪所保护的法益进行考量时，"伤害原则"（法益侵害原则）应为重点。即通过生产、销售伪劣产品欺骗消费者，使得消费者合法权利受损，侵害消费者权益的行为应受刑事处罚。因此，对于产品质量、品质的评价，产品质量的规范管理不是刑法旨在达成的首要目的，也不是本罪最主要保护的法益。刑法保护的法益是消费者的合法权益，而对消费者合法权益的侵害是由"欺骗性"交易行为所导致的。如此而言，该罪所保护法益可理解为产品市场诚实交易秩序与消费者的合法权益，关注行为人是否采用欺骗性的方式生产、销售伪劣产品，以及消费者是否存在因被欺骗而产生《消费者权益保护法》意义上的权益受损的结果导向。在入罪衡量与行为定性上，首要的是不能与刑法的人权保障理念相背离。毕竟不同部门法调整的社会关系不同，同一部门法内也存在着不同的价值位阶排序。与经济法、行政法注重对社会公共利益的保护不同的是，刑法具有法益保护与人权保障的双重机能。刑法追求"合理地选择真正值得处罚的行为"，避免将刑事违法判断直接依附于经济行政法的规定或产品鉴定意见，谨慎发动刑罚权。另外，需要明确"刑法最小化"观念。在审查案件过程中，可以关注"采取非刑罚手段即足以抑制行为"的情形。例如部分数额不大的案件，可以通过合同约定继续履行、支付违约金或退款、退货等方式有效地对消费者的损害予以救济。②如果对未提供

---

① 转引自何荣功：《自由秩序与自由刑法理论》，北京大学出版社2013年版，第281页。

② 上海市徐汇区人民法院(2019)沪0104刑初106号刑事判决书。

合同约定产品的行为直接使用刑法打击，一定程度上会增加社会公众签订合同从事经济活动的刑事风险，实际上这种情形完全可以通过向消费者协会投诉、行政处罚、加强信息流通等方式有效消解。

在实践中关于本罪还有一处复杂点是对犯罪数额认定的问题。在一些实务活动中，会仅对商标名、商品名、药品名、计量规格、产品剂型、包装方式完全一致的已销售产品认定为同一不合格产品，结合扣押的不合格产品合理计算已销售的对应不合格产品金额。[①]而同一产品存在不等价位时，会采取"就低不就高"原则，这一认定标准较为合理。此外，部分产品（如口罩、牙膏、纯净水等）既可能用于日常生活，也可能用于专业领域，这类商品在刑法上属于一般产品还是特殊商品，涉及罪与非罪、此罪与彼罪的重大问题，因此对于这些问题还要注意日常用语的规范化解读，完整解读这些产品的概念、用途和不同标准要求；寻找符合层级要求的前置行政法依据，作为刑事认定的依据；以个案的主客观事实为基础进行综合判断。此外，在判断交易行为时，应当遵循公开、公平、自由的市场交易规则，如果商家明确告知了消费者所销售产品的质量情况，在自由交易的情况下双方达成共识，就属于消费者意思自治的范畴。还需要注意的是，在现实中，也不能盲目地将产品质量鉴定意见作为"伪劣产品"判定的唯一标准，因为产品质量鉴定意见本身也可能是存在瑕疵的。

此外，还有其他与本罪的相关之处需要提及，例如在行为主体上，产品的生产者与销售者均能构成本罪，生产者即产品的制造者（含产品的加工者），销售者即产品的批量或零散经销售卖者（含产品的直销者），至于生产者、销售者是否具有合法的生产许可证或者营业执照不影响本罪的成立。而对于犯罪故意，司法实践中一般要求具有非法牟利的目的。行为人明知自己在生产、销售的产品中掺杂、掺假，以假充真，以次充好或以不合格产品冒充合格产品的行为会发生破坏市场经济秩序、侵害消费者合法权益的结果，并且希望或放任这种结果发生。对于生产者而言，行为人的

[①] 杨金锟、张丽：《生产、销售伪劣产品案件办理要点剖析——以龚某等人生产、销售伪劣产品案为例》，《中国检察官》2023年第12期。

故意表现为在生产领域内有意制造伪劣产品；对于销售者而言，在销售领域内会分为两种情况：一是在销售的产品中故意掺杂、掺假，二是明知是伪劣产品而售卖。过失不构成本罪，但当生产者疏忽大意生产出伪劣产品后，明知该产品为伪劣产品，仍然推向市场，且符合本罪的其他要件的，则应以销售伪劣产品罪定罪处罚（但在处罚时只能计算明知后的销售金额）。伪劣产品尚未销售（或销售金额不足5万元），但货值金额达到15万元以上的，虽然不构成既遂，但可以以生产、销售伪劣产品罪（未遂）定罪处罚。此外，销售金额的三倍加上剩余货值达到15万元以上的，也成立未遂。生产、销售《刑法》第一百四十一至一百四十八条所列产品，不构成这八条规定的犯罪，但是销售金额在5万元以上的，依照生产、销售伪劣产品罪定罪处罚（属于法条竞合的兜底）。生产、销售《刑法》第一百四十一至一百四十八条所列产品，构成这八条规定的犯罪，同时又构成《刑法》第一百四十条规定之犯罪的，依照处罚较重的规定定罪处罚。

在药品领域，根据最新《药品管理法》，未经批准生产、进口的仿制药品、代购药品都不再属于假药。因此，根据从旧兼从轻原则，在新法生效前尚未审结的案件，都应该适用新法的规定。但是销售未经批准的进口药品，销售行为如果达到具体危险也可能构成新罪。在生产、销售、提供假药罪中，药品使用单位的人员明知是假药而提供给他人使用的，也构成犯罪。生产、销售、提供假药罪是在《刑法修正案（八）》中被改为抽象危险犯、降低了入罪门槛的，在此之前是具体危险犯。不过，生产、销售、提供劣药罪是实害犯，必须出现对人体健康造成严重危害的实害结果方能构成犯罪。和生产、销售、提供假药罪相同，《刑法修正案（十一）》中规定，药品使用单位人员明知是劣药而提供给他人使用的，构成生产、销售、提供劣药罪。妨害药品管理罪是《刑法修正案（十一）》规定的新罪，犯罪对象是假药和劣药以外的违禁药品，但是为了和行政违法相区别，成立本罪必须出现足以严重危害人体健康的具体危险。这里要特别注意，电影《我不是药神》中所涉及的海外代购药品（未取得药品批准证明文件生产、进口药品或者明知是上述药品而销售的），按照规定，销售这些药品不再构成犯罪，除非可以证明上述药品足以严重危害人体健康。在药品申请时进行数据造假，不再构成生产、销售假药罪，如果足以严重危害人身体健康的，则构成妨害药品管理罪。而疫苗成分不足是劣药而非假药，但若疫苗变质，则是假药。

生产、销售不符合安全标准的食品罪涉及食品领域，构成此罪必须具备"足以造成严重食物中毒事故或者其他严重食源性疾病"的危险。根据相关司法解释，经省级以上卫生行政部门确定的机构鉴定，食品中含有可能导致严重食物中毒事故或者其他严重食源性疾患的超标准的有害细菌或者其他污染物的，应认定为"足以造成严重食物中毒事故或者其他严重食源性疾病"。而在食品生产、销售、运输、贮存过程中，违反食品安全标准，超限量或超范围滥用食品添加剂，足以造成严重食物中毒或其他严重食源性疾病的，以生产、销售不符合安全标准的食品罪定罪处罚。在食用农产品种植、养殖、销售、运输、贮存等过程中，违反食品安全标准，超限量或超范围滥用添加剂、农药、兽药等，足以造成严重食物中毒事故或其他严重食源性疾病的，也以生产、销售不符合安全标准的食品罪定罪处罚。"有毒、有害的非食品原料"难以确定的，司法机关可以依据鉴定意见、检验报告、地市级以上相关行政主管部门组织出具的书面意见，结合其他证据作出认定。必要时，专门性问题由省级以上相关行政主管部门组织出具书面意见。此外，根据司法解释，明知是盐酸克仑特罗（瘦肉精）等禁止在饲料和动物饮用水中使用的药品或含有该类药品的饲料养殖的供人食用的动物，而提供屠宰等加工服务，或销售其制品的，也构成生产、销售有毒有害食品罪。需要注意，有毒、有害食品和不符合安全标准的食品的区分在于：绝对不能吃的是有毒、有害食品，相对不能吃的是不符合安全标准的食品。在食品中含有地沟油、瘦肉精、三聚氰胺等物质的，属于有毒、有害食品。生产、销售伪劣商品罪中的各种罪之间不是对立关系，如果出现事实认识错误，则属于抽象的事实认识错误，在法律评价一致的范围内认定犯罪。例如，生产、销售、提供假药罪与生产、销售、提供劣药罪在生产、销售、提供劣药罪的范围重合，生产、销售有毒、有害食品罪与生产、销售不符合安全标准的食品罪在生产、销售不符合安全标准的食品罪的范围重合,生产、销售伪劣产品罪与其他生产、销售伪劣产品的犯罪可能在生产、销售伪劣产品罪(要考虑销售金额)的范围内重合。

为防范生产、销售伪劣产品类的犯罪,企业对产品质量管控的制度设计是重中之重,合理的质量管控体系可在一定程度上减少甚至避免入罪风险。在质量检验方面,企业可以通过制定生产工艺流程标准和操作规范,采用非破坏性和破坏性的检验方法,如X射线、超声波、磁粉检验等,检验产品是否符合相关标准和法规要求。有条件的企业可以采用先进的质量管理技术和工具,如六西格玛、SPC(统计过程控制)、FMEA(失效模式与影响分析)等来全面提升质量管理水平,确保产品质量稳定可靠。在供应链管理方面,企业应该建立一套完善的供应链管理体系,并对供应商进行定期的审核和评估。例如,在采购前,通过定期考察和抽检等筛选环节,确保采购的原材料符合相关质量标准和要求;在采购后,在制度上设置质量抽样、功能测试、性能测试等质检环节,对产品的各项功能和性能进行测试。在风险管控方面,企业应建立完善的产品质量追溯体系,以应对司法上的举证问题,包括追溯产品的生产过程、原材料的来源、加工流程等,精准排查和解决可能存在的质量问题并留档。有条件的企业可以建立投诉处理机制,及时回应消费者的投诉,并对投诉情况进行记录和分析,第一时间减少过错风险,降低危害性。

(三)典型案例

案例一:在李某、王某、方某生产、销售伪劣产品案[①]中,被告人明知用再加工纤维生产的棉被会用于居民生活,以及明知采购棉衣是为"走基层、送温暖"惠民活动所需,但为了牟利,依然加工生产、销售。法院认定构成犯罪的理由包括:1.《产品质量法》对产品质量作出了明确规定,被告人作为具有完全民事行为能力的人,对产品质量需满足产品合格的基

---

① 四川省广元市中级人民法院(2019)川08刑终137号刑事判决书。

本要求，有产品质量合格证、厂名、厂址等应有基本的认知。2.棉衣、棉被系冬季御寒保暖常用物资，被告人从一开始就知道采购的棉衣、棉被将用于政府"走基层、送温暖"惠民活动，其在买卖商谈中也均已知晓涉诉棉衣非用于农业、工业等非生活用途，对销售的棉衣、棉被应按照棉衣、棉被的通用功能及质量标准执行。3.被告人的供述证实其明知以双方合同约定的价格采购和销售的棉衣、棉被"过不了纤维检测"，"不能出具合格检测报告"，"是不合格产品"，对销售伪劣产品有明知的故意。4.被告人在组织货源供货过程中，未向下游供货商查验产品质量合格证明或产品质量合格检测报告，销售的产品也未附具产品质量合格证、厂家、厂址等基本信息，未尽到销售者对产品质量的基本保障义务，其销售的产品最终被检测为不合格产品，属于知假、买假、卖假的行为。5."合同相对性原则"不能免除销售者的产品质量保障责任。产品质量保障涉及社会公共安全，是销售者的法定强制义务，该义务不因民事主体私下协商约定而降低或免除，即便被告人提供的产品符合双方合同约定或与样品质量相符，但当其不能达到《产品质量法》规定的合格产品质量要求时，仍将依法承担公法意义上的行政责任或刑事责任。

案例二：在王某生产、销售伪劣产品案①中，辩护人提到，关于食用明胶质量不合格只有一个标准，即检验后不能达到食用级别，而法院认为，购买工业明胶后经过加工、混合、配比之后冒用食用明胶名义进行销售，应认定为在产品中掺杂、掺假、以假充真、以不合格产品冒充合格产品，工业明胶和食用明胶在质上是完全不同的。因而不采纳辩护人的辩护意见。此外，辩护人提到，被告人有生产食用明胶的资质，进货的明胶不应当认定为工业明胶，而法院认为，并非同时具有生产工业明胶和食用明胶资质的企业所生产的就是合格的食用明胶。

案例三：在马某生产、销售伪劣产品案②中，辩护人提到某个产品在无国家标准、行业标准的情况下如何鉴定的问题（例如新产品、市场占有

---

① 河北省沧州市中级人民法院(2016)冀09刑终425号刑事裁定书。

② 河北省承德市双桥区人民法院(2020)冀0802刑初272号刑事判决书。

率极少的产品），即便有条件进行质量检测，也只能按照企业标准检测。但这一辩护意见并未被法院采纳。

案例四：在胥某、罗某某等生产、销售伪劣产品案[①]中，检测报告提到个别鉴定关键处。例如，产品标签上标注了医疗术语，明示或暗示医疗效果，以及产品名称不能反映其真实属性，存在以假充真、以不合格产品冒充合格产品的情况；产品上的宣传标签若不符合消费品使用标签、化妆品通用标签的也认为是伪劣产品。并且在该案中，被告人明知道公安机关查处公司，仍然通知员工转移电脑等资料，导致相关的会计凭证和会计账簿无法查获，其行为已构成隐匿会计凭证、会计账簿罪。

案例五：在王某生产、销售伪劣产品案[②]中，辩护人提及《硬聚氯乙烯（PVC-U）管材及管件产品抽查实施规范》中关于检验产品抽查有严格的检验规定。违反任何一项规定的检验，检验报告都是无证明力的。辩护人提出以下意见：①委托检验函中载明2014年5月27日查封的管材，而委托检验时间是2015年1月14日，但对取样的时间并未说明，案卷中记载的取样只有一次，时间是2014年7月10日，因此只能推论是此次的取样送检的，在取样后6个月中样品管材是如何保管的并未说明。②虽然案卷中有抽样笔录，但却没有记载是如何抽样的，无法证实抽样的合法性。③报告中未记载检测样品的数量、批次，抽样的基数、数量，封样的时间、地点、单位及样品的编号。④检验报告无法说明其检测结果是如何判定的，是否存在复检的情况。⑤检验报告结果出来后，侦办机关未及时通知被告人，剥夺了被告人对该结果及时提出异议的权利。辩护人认为侦办机关应当就上述疑问承担举证责任，但是法院认为辩护人未提供证据证实检验机构的抽样程序违法，因而对上述辩护意见并未采纳。

案例六：在黄某、杨某生产、销售伪劣产品案[③]中，MX公司为谋取更大利益，在无生产螺纹钢许可的情况下，召开董事会，使用淘汰的生产线

---

① 广东省深圳市宝安区人民法院(2016)粤0306刑初3473号刑事判决书。
② 吉林省松原市宁江区人民法院(2015)宁刑初字第194号刑事判决书。
③ 湖南省泸溪县人民法院(2013)泸刑初字第59号刑事判决书。

设备组建了螺纹钢生产线，从2010年下半年开始大量生产螺纹钢。MX公司生产的螺纹钢有Φ12mm、Φ14mm、Φ16mm三种型号，生产的螺纹钢上面有"ョLG12""ョLG14""ョLG16"标识。为获取更多的非法利益，该公司生产的螺纹钢与同型号的正规钢材相比，直径都缩小约2mm，螺纹钢内径、屈服强度、抗拉强度项目均不符合GB1499.2-2007标准（《钢筋混凝土用钢第2部分：热扎带肋钢筋》国家标准），法院认定其为不合格产品。

二、非法吸收公众存款罪

（一）相关的规范性文件

1.《中华人民共和国刑法》

第一百七十六条　非法吸收公众存款或者变相吸收公众存款，扰乱金融秩序的，处三年以下有期徒刑或者拘役，并处或者单处罚金；数额巨大或者有其他严重情节的，处三年以上十年以下有期徒刑，并处罚金；数额特别巨大或者有其他特别严重情节的，处十年以上有期徒刑，并处罚金。

2.《全国法院审理金融犯罪案件工作座谈会纪要》

为正确执行刑法，在其他有关的司法解释出台之前，对假币犯罪以外的破坏金融管理秩序犯罪的数额和情节，可参照以下标准掌握：

关于非法吸收公众存款罪。非法吸收或者变相吸收公众存款的，要从非法吸收公众存款的数额、范围以及给存款人造成的损失等方面来判定扰乱金融秩序造成危害的程度。根据司法实践，具有下列情形之一的，可以按非法吸收公众存款罪定罪处罚：

（1）个人非法吸收或者变相吸收公众存款20万元以上的，单位非法吸收或者变相吸收公众存款100万元以上的；

（2）个人非法吸收或者变相吸收公众存款30户以上的，单位非法吸收或者变相吸收公众存款150户以上的；

（3）个人非法吸收或者变相吸收公众存款给存款人造成损失10万元以上的，单位非法吸收或者变相吸收公众存款给存款人造成损失50万元以上的，或者造成其他严重后果的；个人非法吸收或者变相吸收公众存款100万元以上，单位非法吸收或者变相吸收公众存款500万元以上的，可以认定为"数额巨大"。

……

由于各地经济发展不平衡，各省、自治区、直辖市高级人民法院可参照上述数额标准或幅度，根据本地的具体情况，确定在本地区掌握的具体标准。

3.最高人民检察院、公安部《关于公安机关管辖的刑事案件立案追诉标准的规定（二）》

第二十三条 〔非法吸收公众存款案（刑法第一百七十六条）〕非法吸收公众存款或者变相吸收公众存款，扰乱金融秩序，涉嫌下列情形之一的，应予立案追诉：

（一）非法吸收或者变相吸收公众存款数额在一百万元以上的；

（二）非法吸收或者变相吸收公众存款对象一百五十人以上的；

（三）非法吸收或者变相吸收公众存款，给集资参与人造成直接经济损失数额在五十万元以上的；

非法吸收或者变相吸收公众存款数额在五十万元以上或者给集资参与人造成直接经济损失数额在二十五万元以上，同时涉嫌下列情形之一的，应予立案追诉：

（一）因非法集资受过刑事追究的；

（二）二年内因非法集资受过行政处罚的；

（三）造成恶劣社会影响或者其他严重后果的。

4.最高人民法院《关于审理非法集资刑事案件具体应用法律若干问题的解释》

为依法惩治非法吸收公众存款、集资诈骗等非法集资犯罪活动，根据《中华人民共和国刑法》的规定，现就审理此类刑事案件具体应用法律的若干问题解释如下：

第一条 违反国家金融管理法律规定，向社会公众（包括单位和个人）吸收资金的行为，同时具备下列四个条件的，除刑法另有规定的以外，应当认定为刑法第一百七十六条规定的"非法吸收公众存款或者变相吸收公众存款"：

（一）未经有关部门依法许可或者借用合法经营的形式吸收资金；

（二）通过网络、媒体、推介会、传单、手机信息等途径向社会公开宣传；

（三）承诺在一定期限内以货币、实物、股权等方式还本付息或者给付回报；

（四）向社会公众即社会不特定对象吸收资金。

未向社会公开宣传，在亲友或者单位内部针对特定对象吸收资金的，不属于非法吸收或者变相吸收公众存款。

第二条 实施下列行为之一，符合本解释第一条第一款规定的条件的，应当依照刑法第一百七十六条的规定，以非法吸收公众存款罪定罪处罚：

（一）不具有房产销售的真实内容或者不以房产销售为主要目的，以返本销售、售后包租、约定回购、销售房产份额等方式非法吸收资金的；

（二）以转让林权并代为管护等方式非法吸收资金的；

（三）以代种植（养殖）、租种植（养殖）、联合种植（养殖）等方式非法吸收资金的；

（四）不具有销售商品、提供服务的真实内容或者不以销售商品、提供服务为主要目的，以商品回购、寄存代售等方式非法吸收资金的；

（五）不具有发行股票、债券的真实内容，以虚假转让股权、发售虚构债券等方式非法吸收资金的；

（六）不具有募集基金的真实内容，以假借境外基金、发售虚构基金等方式非法吸收资金的；

（七）不具有销售保险的真实内容，以假冒保险公司、伪造保险单据等方式非法吸收资金的；

（八）以网络借贷、投资入股、虚拟币交易等方式非法吸收资金的；

（九）以委托理财、融资租赁等方式非法吸收资金的；

（十）以提供"养老服务"、投资"养老项目"、销售"老年产品"等方式非法吸收资金的；

（十一）利用民间"会""社"等组织非法吸收资金的；

（十二）其他非法吸收资金的行为。

第三条 非法吸收或者变相吸收公众存款，具有下列情形之一的，应当依法追究刑事责任：

（一）非法吸收或者变相吸收公众存款数额在100万元以上的；

（二）非法吸收或者变相吸收公众存款对象150人以上的；

（三）非法吸收或者变相吸收公众存款，给存款人造成直接经济损失数额在50万元以上的。

非法吸收或者变相吸收公众存款数额在50万元以上或者给存款人造成直接经济损失数额在25万元以上，同时具有下列情节之一的，应当依法追究刑事责任：

（一）曾因非法集资受过刑事追究的；

（二）二年内曾因非法集资受过行政处罚的；

（三）造成恶劣社会影响或者其他严重后果的。

第四条 非法吸收或者变相吸收公众存款，具有下列情形之一的，应当认定为刑法第一百七十六条规定的"数额巨大或者有其他严重情节"：

（一）非法吸收或者变相吸收公众存款数额在500万元以上的；

（二）非法吸收或者变相吸收公众存款对象500人以上的；

（三）非法吸收或者变相吸收公众存款，给存款人造成直接经济损失数额在250万元以上的。

非法吸收或者变相吸收公众存款数额在250万元以上或者给存款人造成直接经济损失数额在150万元以上，同时具有本解释第三条第二款第三项情节的，应当认定为"其他严重情节"。

第五条 非法吸收或者变相吸收公众存款，具有下列情形之一的，应当认定为刑法第一百七十六条规定的"数额特别巨大或者有其他特别严重情节"：

（一）非法吸收或者变相吸收公众存款数额在5000万元以上的；

（二）非法吸收或者变相吸收公众存款对象5000人以上的；

（三）非法吸收或者变相吸收公众存款，给存款人造成直接经济损失数额在2500万元以上的。

非法吸收或者变相吸收公众存款数额在2500万元以上或者给存款人造成直接经济损失数额在1500万元以上，同时具有本解释第三条第二款第三项情节的，应当认定为"其他特别严重情节"。

第六条 非法吸收或者变相吸收公众存款的数额，以行为人所吸收的资金全额计算。在提起公诉前积极退赃退赔，减少损害结果发生的，可以从轻或者减轻处罚；在提起公诉后退赃退赔的，可以作为量刑情节酌情考虑。

非法吸收或者变相吸收公众存款，主要用于正常的生产经营活动，能够在提起公诉前清退所吸收资金，可以免予刑事处罚；情节显著轻微危害不大的，不作为犯罪处理。

对依法不需要追究刑事责任或者免予刑事处罚的，应当依法将案件移送有关行政机关。

第九条 犯非法吸收公众存款罪，判处三年以下有期徒刑或者拘役，并处或者单处罚金的，处五万元以上一百万元以下罚金；判处三年以上十年以下有期徒刑的，并处十万元以上五百万元以下罚金；判处十年以上有期徒刑的，并处五十万元以上罚金。

犯集资诈骗罪，判处三年以上七年以下有期徒刑的，并处十万元以上五百万元以下罚金；判处七年以上有期徒刑或者无期徒刑的，并处五十万元以上罚金或者没收财产。

第十二条 广告经营者、广告发布者违反国家规定，利用广告为非法集资活动相关的商品或者服务作虚假宣传，具有下列情形之一的，依照刑法第二百二十二条的规定，以虚假广告罪定罪处罚：

（一）违法所得数额在 10 万元以上的；

（二）造成严重危害后果或者恶劣社会影响的；

（三）二年内利用广告作虚假宣传，受过行政处罚二次以上的；

（四）其他情节严重的情形。

明知他人从事欺诈发行证券，非法吸收公众存款，擅自发行股票、公司、企业债券，集资诈骗或者组织、领导传销活动等集资犯罪活动，为其提供广告等宣传的，以相关犯罪的共犯论处。

第十三条 通过传销手段向社会公众非法吸收资金，构成非法吸收公众存款罪或者集资诈骗罪，同时又构成组织、领导传销活动罪的，依照处罚较重的规定定罪处罚。

第十四条 单位实施非法吸收公众存款、集资诈骗犯罪的，依照本解释规定的相应自然人犯罪的定罪量刑标准，对单位判处罚金，并对其直接负责的主管人员和其他直接责任人员定罪处罚。

5.最高人民法院《关于非法集资刑事案件性质认定问题的通知》

为依法、准确、及时审理非法集资刑事案件，现就非法集资性质认定的有关问题通知如下：

一、行政部门对于非法集资的性质认定，不是非法集资案件进入刑事程序的必经程序。行政部门未对非法集资作出性质认定的，不影响非法集资刑事案件的审判。

二、人民法院应当依照刑法和最高人民法院《关于审理非法集资刑事案件具体应用法律若干问题的解释》等有关规定认定案件事实的性质，并认定相关行为是否构成犯罪。

三、对于案情复杂、性质认定疑难的案件，人民法院可以在有关部门关于是否符合行业技术标准的行政认定意见的基础上，根据案件事实和法律规定作出性质认定。

四、非法集资刑事案件的审判工作涉及领域广、专业性强，人民法院在审理此类案件当中要注意加强与有关行政主（监）管部门以及公安机关、人民检察院的配合。审判工作中遇到重大问题难以解决的，请及时报告最高人民法院。

6.最高人民法院、最高人民检察院、公安部《关于办理非法集资刑事案件若干问题的意见》

一、关于非法集资的"非法性"认定依据问题

人民法院、人民检察院、公安机关认定非法集资的"非法性"，应当以国家金融管理法律法规作为依据。对于国家金融管理法律法规仅作原则性规定的，可以根据法律规定的精神并参考中国人民银行、中国银行保险监督管理委员会、中国证券监督管理委员会等行政主管部门依照国家金融管理法律法规制定的部门规章或者国家有关金融管理的规定、办法、实施细则等规范性文件的规定予以认定。

二、关于单位犯罪的认定问题

单位实施非法集资犯罪活动，全部或者大部分违法所得归单位所有的，应当认定为单位犯罪。

个人为进行非法集资犯罪活动而设立的单位实施犯罪的，或者单位设立后，以实施非法集资犯罪活动为主要活动的，不以单位犯罪论处，对单位中组织、策划、实施非法集资犯罪活动的人员应当以自然人犯罪依法追究刑事责任。

判断单位是否以实施非法集资犯罪活动为主要活动，应当根据单位实施非法集资的次数、频度、持续时间、资金规模、资金流向、投入人力物力情况、单位进行正当经营的状况以及犯罪活动的影响、后果等因素综合

考虑认定。

三、关于涉案下属单位的处理问题

办理非法集资刑事案件中，人民法院、人民检察院、公安机关应当全面查清涉案单位，包括上级单位（总公司、母公司）和下属单位（分公司、子公司）的主体资格、层级、关系、地位、作用、资金流向等，区分情况依法作出处理。

上级单位已被认定为单位犯罪，下属单位实施非法集资犯罪活动，且全部或者大部分违法所得归下属单位所有的，对该下属单位也应当认定为单位犯罪。上级单位和下属单位构成共同犯罪的，应当根据犯罪单位的地位、作用，确定犯罪单位的刑事责任。

上级单位已被认定为单位犯罪，下属单位实施非法集资犯罪活动，但全部或者大部分违法所得归上级单位所有的，对下属单位不单独认定为单位犯罪。下属单位中涉嫌犯罪的人员，可以作为上级单位的其他直接责任人员依法追究刑事责任。

上级单位未被认定为单位犯罪，下属单位被认定为单位犯罪的，对上级单位中组织、策划、实施非法集资犯罪的人员，一般可以与下属单位按照自然人与单位共同犯罪处理。

上级单位与下属单位均未被认定为单位犯罪的，一般以上级单位与下属单位中承担组织、领导、管理、协调职责的主管人员和发挥主要作用的人员作为主犯，以其他积极参加非法集资犯罪的人员作为从犯，按照自然人共同犯罪处理。

四、关于主观故意的认定问题

认定犯罪嫌疑人、被告人是否具有非法吸收公众存款的犯罪故意，应当依据犯罪嫌疑人、被告人的任职情况、职业经历、专业背景、培训经历、本人因同类行为受到行政处罚或者刑事追究情况以及吸收资金方式、宣传推广、合同资料、业务流程等证据，结合其供述，进行综合分析判断。

犯罪嫌疑人、被告人使用诈骗方法非法集资，符合《最高人民法院关于审理非法集资刑事案件具体应用法律若干问题的解释》第四条规定的，可以认定为集资诈骗罪中"以非法占有为目的"。

办案机关在办理非法集资刑事案件中，应当根据案件具体情况注意收集运用涉及犯罪嫌疑人、被告人的以下证据：是否使用虚假身份信息对外开展业务；是否虚假订立合同、协议；是否虚假宣传，明显超出经营范围或者夸大经营、投资、服务项目及盈利能力；是否吸收资金后隐匿、销毁合同、协议、账目；是否传授或者接受规避法律、逃避监管的方法，等等。

五、关于犯罪数额的认定问题

非法吸收或者变相吸收公众存款构成犯罪，具有下列情形之一的，向亲友或者单位内部人员吸收的资金应当与向不特定对象吸收的资金一并计入犯罪数额：

（一）在向亲友或者单位内部人员吸收资金的过程中，明知亲友或者单位内部人员向不特定对象吸收资金而予以放任的；

（二）以吸收资金为目的，将社会人员吸收为单位内部人员，并向其吸收资金的；

（三）向社会公开宣传，同时向不特定对象、亲友或者单位内部人员吸收资金的。

非法吸收或者变相吸收公众存款的数额，以行为人所吸收的资金全额计算。集资参与人收回本金或者获得回报后又重复投资的数额不予扣除，但可以作为量刑情节酌情考虑。

六、关于宽严相济刑事政策把握问题

办理非法集资刑事案件，应当贯彻宽严相济刑事政策，依法合理把握追究刑事责任的范围，综合运用刑事手段和行政手段处置和化解风险，做到惩处少数、教育挽救大多数。要根据行为人的客观行为、主观恶性、犯罪情节及其地位、作用、层级、职务等情况，综合判断行为人的责任轻重和刑事追究的必要性，按照区别对待原则分类处理涉案人员，做到罚当其罪、罪责刑相适应。

重点惩处非法集资犯罪活动的组织者、领导者和管理人员，包括单位犯罪中的上级单位（总公司、母公司）的核心层、管理层和骨干人员，下属单位（分公司、子公司）的管理层和骨干人员，以及其他发挥主要作用的人员。

对于涉案人员积极配合调查、主动退赃退赔、真诚认罪悔罪的，可以依法从轻处罚；其中情节轻微的，可以免除处罚；情节显著轻微、危害不大的，不作为犯罪处理。

七、关于管辖问题

跨区域非法集资刑事案件按照《国务院关于进一步做好防范和处置非法集资工作的意见》（国发〔2015〕59号）确定的工作原则办理。如果合并侦查、诉讼更为适宜的，可以合并办理。

办理跨区域非法集资刑事案件，如果多个公安机关都有权立案侦查的，一般由主要犯罪地公安机关作为案件主办地，对主要犯罪嫌疑人立案侦查和移送审查起诉；由其他犯罪地公安机关作为案件分办地根据案件具体情况，对本地区犯罪嫌疑人立案侦查和移送审查起诉。

管辖不明或者有争议的，按照有利于查清犯罪事实、有利于诉讼的原则，由其共同的上级公安机关协调确定或者指定有关公安机关作为案件主办地立案侦查。需要提请批准逮捕、移送审查起诉、提起公诉的，由分别立案侦查的公安机关所在地的人民检察院、人民法院受理。

对于重大、疑难、复杂的跨区域非法集资刑事案件，公安机关应当在协调确定或者指定案件主办地立案侦查的同时，通报同级人民检察院、人民法院。人民检察院、人民法院参照前款规定，确定主要犯罪地作为案件主办地，其他犯罪地作为案件分办地，由所在地的人民检察院、人民法院负责起诉、审判。

本条规定的"主要犯罪地"，包括非法集资活动的主要组织、策划、实施地，集资行为人的注册地、主要营业地、主要办事机构所在地，集资参与人的主要所在地等。

八、关于办案工作机制问题

案件主办地和其他涉案地办案机关应当密切沟通协调，协同推进侦查、起诉、审判、资产处置工作，配合有关部门最大限度追赃挽损。

案件主办地办案机关应当统一负责主要犯罪嫌疑人、被告人涉嫌非法集资全部犯罪事实的立案侦查、起诉、审判，防止遗漏犯罪事实；并应就全案处理政策、追诉主要犯罪嫌疑人、被告人的证据要求及诉讼时限、追赃挽损、资产处置等工作要求，向其他涉案地办案机关进行通报。其他涉案地办案机关应当对本地区犯罪嫌疑人、被告人涉嫌非法集资的犯罪事实及时立案侦查、起诉、审判，积极协助主办地处置涉案资产。

案件主办地和其他涉案地办案机关应当建立和完善证据交换共享机制。对涉及主要犯罪嫌疑人、被告人的证据，一般由案件主办地办案机关负责收集，其他涉案地提供协助。案件主办地办案机关应当及时通报接收涉及主要犯罪嫌疑人、被告人的证据材料的程序及要求。其他涉案地办案机关需要案件主办地提供证据材料的，应当向案件主办地办案机关提出证据需求，由案件主办地收集并依法移送。无法移送证据原件的，应当在移送复制件的同时，按照相关规定作出说明。

九、关于涉案财物追缴处置问题

办理跨区域非法集资刑事案件，案件主办地办案机关应当及时归集涉案财物，为统一资产处置做好基础性工作。其他涉案地办案机关应当及时查明涉案财物，明确其来源、去向、用途、流转情况，依法办理查封、扣押、冻结手续，并制作详细清单，对扣押款项应当设立明细账，在扣押后立即存入办案机关唯一合规账户，并将有关情况提供案件主办地办案机关。

人民法院、人民检察院、公安机关应当严格依照刑事诉讼法和相关司法解释的规定，依法移送、审查、处理查封、扣押、冻结的涉案财物。对审判时尚未追缴到案或者尚未足额退赔的违法所得，人民法院应当判决继续追缴或者责令退赔，并由人民法院负责执行，处置非法集资职能部门、人民检察院、公安机关等应当予以配合。

人民法院对涉案财物依法作出判决后，有关地方和部门应当在处置非法集资职能部门统筹协调下，切实履行协作义务，综合运用多种手段，做好涉案财物清运、财产变现、资金归集、资金清退等工作，确保最大限度减少实际损失。

根据有关规定，查封、扣押、冻结的涉案财物，一般应在诉讼终结后返还集资参与人。涉案财物不足全部返还的，按照集资参与人的集资额比例返还。退赔集资参与人的损失一般优先于其他民事债务以及罚金、没收财产的执行。

十、关于集资参与人权利保障问题

集资参与人，是指向非法集资活动投入资金的单位和个人，为非法集资活动提供帮助并获取经济利益的单位和个人除外。

人民法院、人民检察院、公安机关应当通过及时公布案件进展、涉案资产处置情况等方式，依法保障集资参与人的合法权利。集资参与人可以推选代表人向人民法院提出相关意见和建议；推选不出代表人的，人民法院可以指定代表人。人民法院可以视案件情况决定集资参与人代表人参加或者旁听庭审，对集资参与人提起附带民事诉讼等请求不予受理。

十一、关于行政执法与刑事司法衔接问题

处置非法集资职能部门或者有关行政主管部门，在调查非法集资行为或者行政执法过程中，认为案情重大、疑难、复杂的，可以商请公安机关就追诉标准、证据固定等问题提出咨询或者参考意见；发现非法集资行为涉嫌犯罪的，应当按照《行政执法机关移送涉嫌犯罪案件的规定》等规定，履行相关手续，在规定的期限内将案件移送公安机关。

人民法院、人民检察院、公安机关在办理非法集资刑事案件过程中，可商请处置非法集资职能部门或者有关行政主管部门指派专业人员配合开展工作，协助查阅、复制有关专业资料，就案件涉及的专业问题出具认定意见。涉及需要行政处理的事项，应当及时移交处置非法集资职能部门或者有关行政主管部门依法处理。

十二、关于国家工作人员相关法律责任问题

国家工作人员具有下列行为之一，构成犯罪的，应当依法追究刑事责任：

（一）明知单位和个人所申请机构或者业务涉嫌非法集资，仍为其办理行政许可或者注册手续的；

（二）明知所主管、监管的单位有涉嫌非法集资行为，未依法及时处理或者移送处置非法集资职能部门的；

（三）查处非法集资过程中滥用职权、玩忽职守、徇私舞弊的；

（四）徇私舞弊不向司法机关移交非法集资刑事案件的；

（五）其他通过职务行为或者利用职务影响，支持、帮助、纵容非法集资的。

7.《防范和处置非法集资条例》

第二条　本条例所称非法集资，是指未经国务院金融管理部门依法许可或者违反国家金融管理规定，以许诺还本付息或者给予其他投资回报等方式，向不特定对象吸收资金的行为。

……

第三条　本条例所称非法集资人，是指发起、主导或者组织实施非法集资的单位和个人；所称非法集资协助人，是指明知是非法集资而为其提供帮助并获取经济利益的单位和个人。

第九条　市场监督管理部门应当加强企业、个体工商户名称和经营范围等商事登记管理。除法律、行政法规和国家另有规定外，企业、个体工商户名称和经营范围中不得包含"金融"、"交易所"、"交易中心"、"理财"、"财富管理"、"股权众筹"等字样或者内容。

第十一条　除国家另有规定外，任何单位和个人不得发布包含集资内容的广告或者以其他方式向社会公众进行集资宣传。

第十九条　对本行政区域内的下列行为，涉嫌非法集资的，处置非法集资牵头部门应当及时组织有关行业主管部门、监管部门以及国务院金融

管理部门分支机构、派出机构进行调查认定：

（一）设立互联网企业、投资及投资咨询类企业、各类交易场所或者平台、农民专业合作社、资金互助组织以及其他组织吸收资金；

（二）以发行或者转让股权、债权，募集基金，销售保险产品，或者以从事各类资产管理、虚拟货币、融资租赁业务等名义吸收资金；

（三）在销售商品、提供服务、投资项目等商业活动中，以承诺给付货币、股权、实物等回报的形式吸收资金；

（四）违反法律、行政法规或者国家有关规定，通过大众传播媒介、即时通信工具或者其他方式公开传播吸收资金信息；

（五）其他涉嫌非法集资的行为。

第二十一条 处置非法集资牵头部门组织调查涉嫌非法集资行为，可以采取下列措施：

（一）进入涉嫌非法集资的场所进行调查取证；

（二）询问与被调查事件有关的单位和个人，要求其对有关事项作出说明；

（三）查阅、复制与被调查事件有关的文件、资料、电子数据等，对可能被转移、隐匿或者毁损的文件、资料、电子设备等予以封存；

（四）经处置非法集资牵头部门主要负责人批准，依法查询涉嫌非法集资的有关账户。

调查人员不得少于2人，并应当出示执法证件。

与被调查事件有关的单位和个人应当配合调查，不得拒绝、阻碍。

第二十五条 非法集资人、非法集资协助人应当向集资参与人清退集资资金。清退过程应当接受处置非法集资牵头部门监督。

任何单位和个人不得从非法集资中获取经济利益。

因参与非法集资受到的损失，由集资参与人自行承担。

第二十六条 清退集资资金来源包括：

（一）非法集资资金余额；

（二）非法集资资金的收益或者转换的其他资产及其收益；

（三）非法集资人及其股东、实际控制人、董事、监事、高级管理人员和其他相关人员从非法集资中获得的经济利益；

（四）非法集资人隐匿、转移的非法集资资金或者相关资产；

（五）在非法集资中获得的广告费、代言费、代理费、好处费、返点费、佣金、提成等经济利益；

（六）可以作为清退集资资金的其他资产。

（二）罪状阐述

计划经济时期，政府对金融进行全面管理，故在相当长的一段时间内，"民间借贷"这种行为模式在我国极少发生。20世纪80年代初，随着改革开放后民营经济的发展和融资需求的增大，民间借贷活动开始在江苏、浙江等经济发达的沿海地区逐渐兴起。20世纪90年代初，随着我国民营经济进一步发展所促成的民间融资活动的迅速发展，乱集资、乱办金融机构、乱办金融业务（即"金融三乱"）现象开始出现，面对日趋严峻的非法集资态势，为保护人民群众资金安全，同时保护银行吸收存款的基础性业务，1995年我国增设了非法吸收公众存款罪。

从立法背景看，当时建设规模过大、发展速度过快与资金不足的矛盾日益突出，为了解决发展需大量资金的问题，社会各方面都涌到资本市场来筹措资金，但有的企业、个人在国家紧缩银根的宏观调控政策下，未被批准以正当合法程序吸纳资金。于是部分企业、个人开始在未经批准的情况下建立资金互助组织，或以投资、集资入股等名义吸收公众资金，或采取提高利率的方式，与已经成为自负盈亏实体的银行争夺有限的社会资金，诱使许多储户从银行中取出存款。这些企业和个人掌控了众多的资金，导致大量的社会资金失去控制，影响货币流通量和国家对资金的宏观调控，诱发物价上涨，成为一种社会不稳定的因素。[①]在这种背景下，设

---

① 参见郎胜主编：《〈关于惩治破坏金融秩序犯罪的决定〉释义》，中国计划出版社1995年版，第46—49页。

立非法吸收公众存款罪具有显著意义，打击了非法吸收公众存款的行为、保护了社会资金安全，但自该罪设立至今，在司法实践中也出现扩张适用的嫌疑，成为非法集资的"兜底性"罪名。

非法吸收公众存款罪的四个入罪要件为：（1）未经有关部门依法许可或借用合法经营的形式吸收资金（非法性）；（2）通过网络、媒体、推介会、传单、手机信息等途径向社会公开宣传（公开性）；（3）承诺在一定期限内以货币、实物、股权等方式还本付息或给付回报（利诱性）；（4）向社会公众即社会不特定对象吸收资金。需要注意的是本罪的入罪数额，即非法吸收多少存款将入罪。《全国法院审理金融犯罪案件工作座谈会纪要》中进一步规范了非法吸收公众存款罪的具体落实：（1）个人非法吸收或者变相吸收公众存款20万元以上的，单位非法吸收或者变相吸收公众存款100万元以上的；（2）个人非法吸收或者变相吸收公众存款30户以上的；（3）单位非法吸收或者变相吸收公众存款150户以上的；（4）个人非法吸收或者变相吸收公众存款给存款人造成损失10万元以上的，单位非法吸收或者变相吸收公众存款给存款人造成损失50万元以上的，或者造成其他严重后果的。个人非法吸收或者变相吸收公众存款100万元以上，单位非法吸收或者变相吸收公众存款500万元以上的，可以认定为"数额巨大"。由于各地经济发展不平衡，各省、自治区、直辖市高级人民法院可参照上述数额标准或幅度，根据本地的具体情况，确定在本地区掌握的具体标准。而最高人民检察院、公安部《关于公安机关管辖的刑事案件立案追诉标准的规定（二）》中规定的标准为：非法吸收公众存款或者变相吸收公众存款，扰乱金融秩序，涉嫌下列情形之一的，应予立案追诉：（1）非法吸收或者变相吸收公众存款数额在100万元以上的；（2）非法吸收或者变相吸收公众存款对象150人以上的；（3）非法吸收或者变相吸收公众存款，给集资参与人造成直接经济损失数额在50万元以上的。非法吸收或者变相吸收公众存款数额在50万元以上或者给集资参与人造成直接经济损失数额在25万元以上，同时涉嫌下列情形之一的，应予立案追诉：（1）因非法集资受过刑事追究的；（2）二年内因非法集资受过行政处罚的；（3）造成恶劣社会影响或者其他严重后果的。

近些年非法吸收公众存款罪的入罪数额有所提高，因为该罪在设立后被大量适用（扩张适用），大量相关行为的入罪使得民间融资通道被堵截，因而学术界倾向于遵循刑法的谦抑原则而限缩此罪的适用。[①]不过实际上早就有学者建议提高本罪的入罪标准，提出只把欺诈或超过企业利润率且不具有非法占有目的的大量吸纳资金的行为才定性为本罪。有学者以法益保护为着手点，认为应在"公众资金安全"这一法益保护目标之下定义本罪的犯罪圈，并通过立法修改以限制司法滥用。[②]直至2021年《防范和处置非法集资条例》实施，明确了非法吸收公众存款行为的行政责任，在很大程度上切断了非法吸收公众存款行为的刑事入罪风险。在理论上，基于刑法谦抑性的基本原理，非法集资的治理本就应首先适用作为前置法的《防范和处置非法集资条例》，刑法只有在"不得已"的情况下才使用，非法吸收公众存款罪的限缩适用因此有了现实可行性。同时《刑法修正案（十一）》也对非法吸收公众存款罪作出修订："在提起公诉前积极退赃退赔，减少损害结果发生的，可以从轻或者减轻处罚"，该规定实质上是将2019年最高人民法院、最高人民检察院、公安部《关于办理非法集资刑事案件若干问题的意见》中"退赃退赔"的酌定量刑情节升格为法定量刑情节，实务中践行的"追赃挽损"刑事政策获得了立法确认。这一立法改动具有实质性出罪的方向指引意义。

在该罪的定性上，"非法"一般表现为主体不合法（主体不具有吸收存款的资格）或者行为方式、内容不合法（如擅自提高利率来吸收存款）。而客观行为方式则一般表现为两种情况：一种是未经主管部门批准，面向社会吸收资金，出具凭证，承诺在一定期限内还本付息的活动；另一种是变相吸收公众存款，即未经主管部门批准，不以吸收公众存款的名义，向

---

① 姜涛：《非法吸收公众存款罪的限缩适用新路径：以欺诈和高风险为标准》，《政治与法律》2013年第8期；刘伟：《非法吸收公众存款罪的扩张与限缩》，《政治与法律》2012年第11期。

② 参见郝艳兵：《互联网金融时代下的金融风险及其刑事规制——以非法吸收公众存款罪为分析重点》，《当代法学》2018年第3期。

社会不特定对象吸收资金，但承诺履行的义务与吸收公众存款相同，即都是还本付息的活动。①该罪相关的争议主要集中于"公众存款"的定义、所吸收资金的对象和资金用途三处。

首先，对于"公众存款"的定义，非法吸收公众存款罪的罪名突出的是"公众存款"，而非"非法集资"。换言之，本罪规制指向是非法吸收公众存款的行为，而非单一的非法集资行为。只是2010年最高人民法院发布的《关于审理非法集资刑事案件具体应用法律若干问题的解释》第一条指出："违反国家金融管理法律规定，向社会公众（包括单位和个人）吸收资金的行为，同时具备下列四个条件的，除刑法另有规定的以外，应当认定为刑法第一百七十六条规定的'非法吸收公众存款或者变相吸收公众存款'……"使得司法实践将本罪罪状表述中的"存款"替代理解为"资金"，"吸收存款"被理解成了"集资"，在突破"存款"文义解释有限射程的同时也使本罪的处罚范围被进一步扩张，"公众存款"的规制核心被转译为"吸收资金"②。需要注意的是，司法实践中对公众存款与公众资金的界定并不明晰，即把吸收资金的行为等同于吸收存款，此种做法不免会引起质疑。从文义解释上看，资金的外延远大于存款，对于"存款"的定义应是存款人在保留所有权的条件下把资金或货币暂时转让或存储于银行或其他金融机构的行为③。同时，"资金"的内涵范围也大于"存款"，资金在成为存款之前为社会上不特定对象所有，只有当存款人因某笔资金与银行等金融机构建立起债权债务关系时，这笔资金能称为存款④。可见，审判实务中有扩大犯罪范围圈之嫌。在应然上，对"公众存款"的理解应根源于非法吸收公众存款罪所保护的法益。越过法益内涵的合理解读径直

---

① 参见国务院1998年7月13日颁布的《非法金融机构和非法金融业务活动取缔办法》第四条。

② 例如《最高人民检察院第十七批指导性案例》检例第64号指出："向不特定社会公众吸收存款是商业银行专属金融业务，任何单位和个人未经批准不得实施。单位或个人假借开展网络借贷信息中介业务之名，未经依法批准，归集不特定公众的资金设立资金池，控制、支配资金池中的资金，并承诺还本付息的，构成非法吸收公众存款罪。"

③ 马克昌主编：《百罪通论》（上卷），北京大学出版社2014年版，第252页。

④ 参见王新：《非法吸收公众存款罪的规范适用》，《法学》2019年第5期。

进入构罪要素的规范性探讨，并不利于本罪司法适用乱象的消解。实践中，存在因集资人后续资金链断裂无法还本付息而被认定为本罪的情况，这种"唯结果论"的处理方式难免有客观归罪之嫌。

其次，关于吸收资金的对象，一般以2010年最高人民法院《关于审理非法集资刑事案件具体应用法律若干问题的解释》第一条第二款为依据，即通过限定集资对象范围来廓限本罪处罚范围。即以"不特定性"为判断标准，在亲友或单位内部针对"特定对象"吸收资金的，不属于非法吸收或变相吸收公众存款。不过，不特定性是高度抽象的概念，在司法实践中难以规范认定。前期行为人开展吸收或者变相吸收公众存款行为时，从形式上看往往都是以民间借贷的方式出现，只有在行为人无法正常还本付息从而存在衍生群体性事件的社会风险时才会导致案发。为了安抚投资群体，达到社会效果与法律效果的统一，法院更倾向于对涉案人数众多、造成巨大资金损失的行为以本罪论处，因而司法实践中往往采用"人数论"的形式判断标准，例如，陈某某向朋友、亲戚借款用于公司经营，审理法院认为该案涉及不特定的借款对象众多，判定构成非法吸收公众存款罪。[1]但此种以社会危害效果反向钳制构成要件理解方式的判定逻辑使得本罪保护法益在司法实践中发生定位偏差，致使部分正常的民间借贷行为被纳入本罪处罚范围。

最后，关于资金用途，传统观点认为，司法实践中一些非法吸收或者变相吸收公众存款者在非法吸收或者变相吸收公众存款后，并不是将吸收的存款用于信贷而是用于自身的生产、经营活动，如果对这种情况不按本罪处理，显然也不可能按其他犯罪来处理，那就要导致对犯罪行为的放纵[2]。可以看出，在传统立场中吸收存款后的生产经营用途并不是阻却本罪成立的具体条件。审判实务中将本罪立法初衷所要规制的间接融资行为转换为直接融资行为，其主要原因在于融资主体偿付失败可能引发的群体性事件将影响公共秩序，司法机关为解决群众诉求而不得已拓宽规制范围以维持社会稳定，

---

① 参见四川省合江县人民法院（2019）川0522刑初137号刑事判决书。

② 李希慧：《论非法吸收公众存款罪的几个问题》，《中国刑事法杂志》2001年第4期。

也就是考虑到了社会效益①。这种做法在法理论的维度仍具有抗辩空间，一方面，非法吸收或者变相吸收公众存款的行为之所以被认定为犯罪，在于吸收存款后还本付息的间接融资行为破坏了国家的金融管理秩序。然而还本付息并非存款的专属特征，直接融资形式的合法民间借贷、民间金融亦有此种特征。还本付息是现代经济社会资金融通的基本属性，也是意思自治的表现形式之一，正常的民间借贷与生产经营活动都有此特征。另一方面，以正常的生产经营用途而吸收存款属于典型的商业行为，同时使借款人意识到投入资金扩大生产后具有带来商业利润的可能性，是一种商业风险的自我判断，其"金融性"程度较低。因此，单纯进行货币、资本经营的间接融资行为才是本罪的规制对象，吸收存款进行生产经营的直接融资行为并不属于本罪的行为类型。如果一概认为资金用途不影响本罪成立与否，不仅有悖于本罪的立法初衷，也是不当扩延了本罪的处罚范围。

实践中大部分集资犯罪案件来自民间融资，因此对非法吸收公众存款罪限缩适用的探讨应诉诸民间融资的过度犯罪化。根据非法集资所具有的"非法性""社会性""公开性""利诱性"特征判断，民间融资仿佛"天生自带"非法集资的"基因"。而在本罪的危害结果上，即对于"扰乱金融秩序"的解释，一般认为，将吸收的存款用于进行货币、资本的运作（例如放贷），则属于扰乱金融秩序。而如果将吸收的存款用于正常经营，且能够及时清退所吸收的资金的，成立本罪，可免予刑事处罚，情节显著轻微的，甚至不构成犯罪。

实际上，从我国刑事打击非法集资的时代背景看，由于当时我国尚不具备直接融资的土壤，资金拥有者与需求者之间难以开展直接的融资行为，基本都是通过金融机构来进行间接的融资，银行等金融机构在其中占据着核心地位。故设置非法吸收公众存款罪所要规制的非法集资行为，仅指属于商业银行业务的吸收存款行为，即一种以资本、货币经营为目的的间接融资行为。这是指资金通过金融中介机构（主要是银行）供应给需求方，而非直接由资金供应方提供给需求方，其基本底蕴是在间接融资中形

---

① 参见裴长利：《非法吸收公众存款罪实证研究》，复旦大学出版社 2019 年版，第 118 页。

成的、资金供应者与需求者之间平等的法律关系。但是，从司法实践看，由于受严厉打击非法集资行为意识的影响，非法吸收公众存款罪的入罪门槛已经被降低至直接融资行为，这明显背离了立法者的初衷。[①]如果在司法实践中继续不当地扩大非法吸收公众存款罪的适用范围，会将那些无法通过金融机构获取贷款，只能转向民间直接融资渠道的合理资金需求方也纳入刑事打击范围，这在一定程度上会压制民间融资的发展，进而影响社会经济发展。随着我国金融体制改革的深入和市场经济的发展，市场开始介入和调整资金的活跃流动，我国已经构建起多元化的金融体系，民间融资也呈现跨越式的增长态势。在一定程度上，民间融资满足了社会多元化的融资需求，也促进了多层次信贷市场的形成。

还需要注意的是：如果单位或个人假借开展网络借贷信息中介业务之名，未经依法批准，设立资金池而吸收资金，并控制资金池中的资金，且承诺还本付息的，一般会被认为构成非法吸收公众存款罪。此外，行为人在非法吸收公众存款的过程中，也可能存在正常的贷款与民间借贷，不能因为行为人实施了非法吸收公众存款的行为，就将正常的贷款与民间借贷也认定为非法吸收公众存款。例如，甲向不特定的多人非法吸收公众存款5000万元，同时以自己的别墅作抵押向朋友乙借款1000万元，以厂房作抵押向银行贷款2000万元。有抵押的借款与贷款明显不符合非法吸收公众存款罪的特征，故这3000万元不得计入非法吸收公众存款罪的数额。[②]2022年最高人民法院修改了《关于审理非法集资刑事案件具体应用法律若干问题的解释》，将非法吸收公众存款罪的行为类型增加至12项，新增"以提供'养老服务'、投资'养老项目'、销售'老年产品'等方式非法吸收资金"行为类型。[③]而行为人擅自设立金融机构后，又非法吸收公众存款的，或者非法吸收公众存款后，又擅自设立金融机构的，宜实行数罪

---

① 参见彭冰：《非法集资活动的刑法规制》，《清华法学》2009年第3期；刘宪权：《刑法严惩非法集资行为之反思》，《法商研究》2012年第4期。

② 参见张明楷：《刑法学》（第5版），法律出版社2016年版，第781页。

③ 2022年2月23日最高人民法院发布关于修改《最高人民法院关于审理非法集资刑事案件具体应用法律若干问题的解释》的决定（法释〔2022〕5号），自2022年3月1日起施行。

并罚。但是，如果行为人擅自设立金融机构仅仅是为了吸收公众存款，而且事实上也是如此，则可以认定为牵连犯，从一重罪处罚。

总之，非法吸收公众存款罪的出罪和入罪必须基于整体主义视角，但聚焦于中观层面的金融风险的控制，在每一个具体的个案中所涵摄的金融风险的度量不可能是系统性、全局性的，也不可能是微观的、个体的，而只能是"涉众"规模所辐射的范域，这是一个排除了"宏观"与"微观"考量的"中观"层面的考量范畴。[1]因此，在司法定性上仍需考量评估非法集资行为模式的风险等级并根据已然的事实预测风险是否可控，而后才作是否入罪的判断。

为防范非法吸收公众存款罪，企业在合规架构设计上应建立严格的内部审计制度，对企业内部的财务活动进行全面的审计和监督。从技术角度来说，可以采用以下措施：建立和规范审计流程，包括审计计划、程序和指南，确保审计工作能够顺利进行；在审计数据的收集和处理方面，采集企业内部各种财务数据，如流水账、收支明细等，通过数据分析和挖掘，发现异常交易和行为；加强企业内部控制，防范内部风险和漏洞，避免在"资金用途"上生疑，即用于企业自身之外的其他生产、经营活动。

企业应当主动加强对外融资的监管和管理、设立第三方监管制度，避免高管以企业名义通过非法手段吸收公众存款。从技术角度来说，可以采用以下措施：建立财务风险管理制度，制定对外融资的审批流程，对所有的融资交易进行严格审批和监督；引入信用评估机构进行企业信用评估，对企业的融资需求和资金来源进行评估，减少非法融资行为的发生；建立资金监控系统，对企业内部资金的流动进行监控，及时发现和防范非法融资行为。

不仅如此，企业也应当加强对第三方合作伙伴的监管，防范其利用企业名义从事非法活动，避免被牵连。从技术角度来说，可以采用以下措施：引入合作伙伴风险评估机制，对合作伙伴进行风险评估，识别和防范潜在风险，减少合作伙伴对企业造成的风险和影响；完善合同审核流程，

---

[1] 董文蕙：《非法吸收公众存款罪出罪标准的重构》，《山东社会科学》2023年第2期。

对与第三方合作伙伴签订的合同进行严格的审核和审批，避免合同中出现非法或违规条款；加强监督管理，建立对合作伙伴的日常监督管理机制，及时发现和纠正合作伙伴的不规范行为。

（三）典型案例

案例一：在汪某、沈某非法吸收公众存款案[①]中，万银公司实际控制人汪某及其团伙利用"中佳易购"电子商务平台，向社会不特定公众吸收巨额资金，累计非法集资总额117亿余元。法院认定其构成犯罪的理由为：被告人利用平台，以"全额返还商家保证金、赠送会员3倍消费积分"为诱饵，诱使加盟商家向平台充值"让利金"，向数万的社会不特定对象变相吸收巨额资金。同时，万银公司没有任何可盈利、足以支持公司持续运营的经营业务，被告人通过虚假宣传等手段，把中佳易购平台包装成有持续经营能力，能够给加盟商家带来丰厚回报的电子商务平台，不断诱使加盟商家往平台充值资金，并用后期吸收的资金偿付应返还的保证金、兑付消费积分及支付维持公司运营的费用等，其从事的"经营活动"实为非法集资骗局。而被告人则辩称当时属于资金投入阶段，未来仍有盈利可能性，此意见并未被法院采纳。该案中还用到了员工的证言，证实中佳易购平台的运营模式必然造成巨额亏损。此外，被告人还辩称，资金链断裂是加盟商虚假做单、黑客攻击、对冲模式等多重客观原因所致，公司采用的"借新还旧"的模式并不能必然推导出其具有"非法占有目的"。该意见也未被法院采纳。

案例二：在郑某非法吸收公众存款案[②]中，涉案公司指使公司员工通过在互联网发布集资广告、在街上派发小广告、拉横幅等方式，向社会不特定公众宣传投资其平台的产品，并标有丰厚的收益回报。但该公司还将第三方资金出借人（即在平台上投入资金的人）列为股东，使得郑某涉

---

① 浙江省高级人民法院（2020）浙刑终89号刑事裁定书。
② 广东省惠州市惠城区人民法院（2017）粤1302刑初1474号刑事判决书。

案。最终法院认为，被告人郑某不是发起人，也未参与公司经营管理，类似的股东有 206 个。此外，法院根据涉案公司提供的《借款及居间合同》等证据对"投资人""借款人"身份的界定也排除了郑某的犯罪可能。即本案被告人郑某不是直接向涉案公司的客户筹集资金，其只是在平台上投入了资金，同时又利用该平台发借款标的，从而具有投资、借款双重身份的集资参与人，因此，其行为不符合非法吸收公众存款罪的构成要件，因而此案法院判决被告人郑某无罪。

此外，本案还存在"没有任何证据证明被告人有向社会公开宣传的行为"的辩护意见被法院采纳之例，具体如下：被告人郑某在接触互联网借贷平台后，通过相关报道了解到互联网金融，按"eXX 贷"平台的要求填写借款标的，从"eXX 贷"取得借款，其从未向任何人公开宣传。证人余某 1、曾某 1 的证言证明汇融公司的业务员有向社会宣传和发名片开发借款人的行为，并向侦查机关提供了汇融公司向社会做宣传的资料。两名证人均不能证明被告人郑某有向社会做宣传的行为，公诉机关也未提供其他证据证明被告人郑某有向社会公开宣传的行为。另外，简某的讯问笔录中能够证明被告人郑某虽然是汇融公司的股东及董事，但不参与公司管理。这说明被告人郑某不可能参与、组织、策划或者安排汇融公司对外宣传的行为。在本案中首先必须明确犯罪主体，到案证据只能证明汇融公司有向社会公开宣传行为；而被告人未向不特定对象吸收资金，其借款对象为"eXX 贷"平台。借款人在平台上借款的过程为：首先，借款人在"eXX 贷"平台上完成注册后，在平台上填写借款金额、利息、期限等向平台申请借款，点击"我要借款"，确认借款申请；其次，汇融公司风控部审批完成后系统自动按照借款资料发标，供投资人投资；最后，投资人通过第三方支付平台充值到汇融公司在第三方平台开设的账号里，借款满标后，系统自动提现并通知第三方平台将借款金额当天转到借款人指定的银行账户里，第三方平台收到投资人资金第二天才结算到公司账号里。（1）被告人借款时，按照"eXX 贷"平台要求填写"借款资料"提出借款申请，平台在收到借款申请后，对借款人提交的借款资料进行审核。（2）由平台制作借款标向"eXX贷"的投资人进行公告。可以看出被告人借款时面对的是"eXX贷"平台而非不特定的公众。"eXX贷"平台将被告人的借款标向"eXX贷"的投资人进行公告而非向不特定的对象进行宣传。因此郑某没有向不特定的对象借款，是向"eXX贷"平台提出借款要求。（3）被告人所借款项均是从"eXX贷"平台取得。实质上借款人银行账户从未收到投资人投资的款项，借款人收到的款项是汇融公司通过第三方平台转账的，还款也是被告人直接充值还款到汇融公司开设在第三方支付平台的账户，所谓借款及居间合同上载明的借贷双方并无真正实质的资金往来，并且按照第三方平台的充值提现规则，当天投资人充值的款项需要第二天才结算到汇融公司对应的银行账户，而借款人当天就拿到了所借的款项，事实进一步证明，被告人是向平台借款而不是向投资人借款，投资人的钱是借给"eXX贷"平台，郑某和借款合同上载明的投资人既没有在线下面对面商谈借款事宜，也从未有过线上接触，更没有资金上的往来。"eXX贷"平台自动生成格式的借款及居间合同中，没有借款人和投资人的签名确认。出借人和借款人收到的合同中，均看不到对方的具体信息。实际上出借人与借款人也从未直接接触，双方并未产生借贷的合意。一旦出现借款纠纷，投资人无法直接向借款人主张自己的财产权利，其只能向"eXX贷"平台主张权利。实际上这里存在两个独立的借款合同，即借款人与"eXX贷"平台的借贷关系，"eXX贷"平台与投资人之间的借贷关系。被告人借款时面对的是唯一的"eXX贷"平台，"eXX贷"平台面对的是平台上的多个投资人。即使出借人与借款人通过平台实现了直接借贷。人民银行等十部门发布的《关于促进互联网金融健康发展的指导意见》明确规定，个体网络借贷是指个体和个体之间通过互联网平台实现的直接借贷。在个体网络借贷平台上发生的直接借贷行为属于民间借贷范畴，受合同法、民法通则[①]等法律法规以及最高人民法院相关司法解释规范调整。本案中如果认定被告人向平台借款，则被告人没有面对不特定的公众借款。如果认定被告人是向出借人借款，虽然面对的是多个出借人，但是通过平

① 本案2017年立案，当时还没有民法典，合同法、民法通则还有效。

台实现的直接借贷，按照以上意见的规定，应当属于民间借贷的范畴。

案例三：在胡某等人非法吸收公众存款、集资诈骗案①中，法院认为被告人何某通过公司内网、微信群、QQ群、微信公众号、易秀个人微博等途径发布理财信息；实际购买理财产品的人员中，除A公司的员工外，还有A公司的控股公司、参股公司、关联公司、外部合作公司的人员及其他外部人员，集资对象具有不特定性，故本案系向社会不特定对象集资。被告人胡某作为工会干事，受何某指示，接收统计集资款、进行转账操作、买卖股票、代持股票和理财产品、解答集资对象问题、清退集资款，也被认定构成犯罪。而被告人王某作为管理层，受何某指示，收集他人股票账户和相应银行卡、网银U盾供何某使用，代持理财资金和理财产品，将A公司借款部分金额转给何某购买珠宝，将B公司的部分资金用于何某个人装修，将部分资金转入何某个人账户及何某丈夫张某的公司。法院认为，王某从事的是管理工作，并非在低层次的、纯执行命令的岗位任职，其按上级何某的指示行事，并不能作为其判断自身行为合法性的根据和排除主观故意的理由。王某明知何某是不具有吸收存款资格的自然人，未经有关部门依法批准、许可，向社会不特定人集资，法院认定王某的行为构成非法吸收公众存款罪。

---

① 广东省高级人民法院（2020）粤刑终630号刑事裁定书。

三、集资诈骗罪

（一）相关的规范性文件

1.《中华人民共和国刑法》

第一百九十二条　以非法占有为目的，使用诈骗方法非法集资，数额较大的，处三年以上七年以下有期徒刑，并处罚金；数额巨大或者有其他严重情节的，处七年以上有期徒刑或者无期徒刑，并处罚金或者没收财产。

单位犯前款罪的，对单位判处罚金，并对其直接负责的主管人员和其他直接责任人员，依照前款的规定处罚。

2.《最高人民法院关于常见犯罪的量刑指导意见（二）（试行）》

一、八种常见犯罪的量刑

……

（三）集资诈骗罪

1.构成集资诈骗罪的，可以根据下列不同情形在相应的幅度内确定量刑起点：

（1）达到数额较大起点的，可以在二年以下有期徒刑、拘役幅度内确定量刑起点。

（2）达到数额巨大起点或者有其他严重情节的，可以在五年至六年有期徒刑幅度内确定量刑起点。

（3）达到数额特别巨大起点或者有其他特别严重情节的，可以在十年至十二年有期徒刑幅度内确定量刑起点。依法应当判处无期徒刑的除外。

3.最高人民法院、最高人民检察院、公安部《关于办理组织领导传销活动刑事案件适用法律若干问题的意见》

六、关于罪名的适用问题

以非法占有为目的，组织、领导传销活动，同时构成组织、领导传销活动罪和集资诈骗罪的，依照处罚较重的规定定罪处罚。

犯组织、领导传销活动罪，并实施故意伤害、非法拘禁、敲诈勒索、妨害公务、聚众扰乱社会秩序、聚众冲击国家机关、聚众扰乱公共场所秩序、交通秩序等行为，构成犯罪的，依照数罪并罚的规定处罚。

4.最高人民法院《关于审理非法集资刑事案件具体应用法律若干问题的解释》

第七条　以非法占有为目的，使用诈骗方法实施本解释第二条规定所列行为的，应当依照刑法第一百九十二条的规定，以集资诈骗罪定罪处罚。

使用诈骗方法非法集资，具有下列情形之一的，可以认定为"以非法占有为目的"：

（一）集资后不用于生产经营活动或者用于生产经营活动与筹集资金规模明显不成比例，致使集资款不能返还的；

（二）肆意挥霍集资款，致使集资款不能返还的；

（三）携带集资款逃匿的；

（四）将集资款用于违法犯罪活动的；

（五）抽逃、转移资金、隐匿财产，逃避返还资金的；

（六）隐匿、销毁账目，或者搞假破产、假倒闭，逃避返还资金的；

（七）拒不交代资金去向，逃避返还资金的；

（八）其他可以认定非法占有目的的情形。

集资诈骗罪中的非法占有目的，应当区分情形进行具体认定。行为人部分非法集资行为具有非法占有目的的，对该部分非法集资行为所涉集资款以集资诈骗罪定罪处罚；非法集资共同犯罪中部分行为人具有非法占有目的，其他行为人没有非法占有集资款的共同故意和行为的，对具有非法占有目的的行为人以集资诈骗罪定罪处罚。

第八条　集资诈骗数额在10万元以上的，应当认定为"数额较大"；数额在100万元以上的，应当认定为"数额巨大"。

集资诈骗数额在50万元以上，同时具有本解释第三条第二款第三项情节的，应当认定为刑法第一百九十二条规定的"其他严重情节"。

集资诈骗的数额以行为人实际骗取的数额计算，在案发前已归还的数额应予扣除。行为人为实施集资诈骗活动而支付的广告费、中介费、手续费、回扣，或者用于行贿、赠与等费用，不予扣除。行为人为实施集资诈骗活动而支付的利息，除本金未归还可予折抵本金以外，应当计入诈骗数额。

第九条　犯非法吸收公众存款罪，判处三年以下有期徒刑或者拘役，并处或者单处罚金的，处五万元以上一百万元以下罚金；判处三年以上十年以下有期徒刑的，并处十万元以上五百万元以下罚金；判处十年以上有期徒刑的，并处五十万元以上罚金。

犯集资诈骗罪，判处三年以上七年以下有期徒刑的，并处十万元以上五百万元以下罚金；判处七年以上有期徒刑或者无期徒刑的，并处五十万元以上罚金或者没收财产。

第十二条　广告经营者、广告发布者违反国家规定，利用广告为非法集资活动相关的商品或者服务作虚假宣传，具有下列情形之一的，依照刑法第二百二十二条的规定，以虚假广告罪定罪处罚：

（一）违法所得数额在10万元以上的；

（二）造成严重危害后果或者恶劣社会影响的；

（三）二年内利用广告作虚假宣传，受过行政处罚二次以上的；

（四）其他情节严重的情形。

明知他人从事欺诈发行证券，非法吸收公众存款，擅自发行股票、公司、企业债券，集资诈骗或者组织、领导传销活动等集资犯罪活动，为其提供广告等宣传的，以相关犯罪的共犯论处。

第十三条　通过传销手段向社会公众非法吸收资金，构成非法吸收公众存款罪或者集资诈骗罪，同时又构成组织、领导传销活动罪的，依照处罚较重的规定定罪处罚。

第十四条　单位实施非法吸收公众存款、集资诈骗犯罪的，依照本解释规定的相应自然人犯罪的定罪量刑标准，对单位判处罚金，并对其直接负责的主管人员和其他直接责任人员定罪处罚。

5.最高人民法院、最高人民检察院、公安部《关于办理非法集资刑事案件若干问题的意见》

四、关于主观故意的认定问题

认定犯罪嫌疑人、被告人是否具有非法吸收公众存款的犯罪故意，应当依据犯罪嫌疑人、被告人的任职情况、职业经历、专业背景、培训经历、本人因同类行为受到行政处罚或者刑事追究情况以及吸收资金方式、宣传推广、合同资料、业务流程等证据，结合其供述，进行综合分析判断。

犯罪嫌疑人、被告人使用诈骗方法非法集资，符合《最高人民法院关于审理非法集资刑事案件具体应用法律若干问题的解释》第四条规定的，可以认定为集资诈骗罪中"以非法占有为目的"。

办案机关在办理非法集资刑事案件中，应当根据案件具体情况注意收集运用涉及犯罪嫌疑人、被告人的以下证据：是否使用虚假身份信息对外开展业务；是否虚假订立合同、协议；是否虚假宣传，明显超出经营范围或者夸大经营、投资、服务项目及盈利能力；是否吸收资金后隐匿、销毁合同、协议、账目；是否传授或者接受规避法律、逃避监管的方法，等等。

6.《全国法院审理金融犯罪案件工作座谈会纪要》

集资诈骗罪的认定和处理：集资诈骗罪和欺诈发行股票、债券罪、非法吸收公众存款罪在客观上均表现为向社会公众非法募集资金。区别的关键在于行为人是否具有非法占有的目的。对于以非法占有为目的而非法集资，或者在非法集资过程中产生了非法占有他人资金的故意，均构成集资诈骗罪。但是，在处理具体案件时要注意以下两点：一是不能仅凭较大数额的非法集资款不能返还的结果，推定行为人具有非法占有的目的；二是行为人将大部分资金用于投资或生产经营活动，而将少量资金用于个人消费或挥霍的，不应仅以此便认定具有非法占有的目的。

7.最高人民检察院、公安部《关于公安机关管辖的刑事案件立案追诉标准的规定》

第四十四条 〔集资诈骗案（刑法第一百九十二条）〕以非法占有为目的，使用诈骗方法非法集资，数额在十万元以上的，应予立案追诉。

8.《全国法院民商事审判工作会议纪要》（九民纪要）

129.《涉众型经济犯罪与民商事案件的程序处理》2014年颁布实施的《最高人民法院　最高人民检察院　公安部　关于办理非法集资刑事案件适用法律若干问题的意见》和2019年1月颁布实施的《最高人民法院　最高人民检察院　公安部　关于办理非法集资刑事案件若干问题的意见》规定的涉嫌集资诈骗、非法吸收公众存款等涉众型经济犯罪，所涉人数众多、当事人分布地域广、标的额特别巨大、影响范围广，严重影响社会稳定，对于受害人就同一事实提起的以犯罪嫌疑人或者刑事被告人为被告的民事诉讼，人民法院应当裁定不予受理，并将有关材料移送侦查机关、检察机关或者正在审理该刑事案件的人民法院。受害人的民事权利保护应当通过刑事追赃、退赔的方式解决。正在审理民商事案件的人民法院发现有上述涉众型经济犯罪线索的，应当及时将犯罪线索和有关材料移送侦查机关。侦查机关作出立案决定前，人民法院应当中止审理；作出立案决定后，应当裁定驳回起诉；侦查机关未及时立案的，人民法院必要时可以将案件报请党委政法委协调处理。除上述情形人民法院不予受理外，要防止通过刑事手段干预民商事审判，搞地方保护，影响营商环境。

当事人因租赁、买卖、金融借款等与上述涉众型经济犯罪无关的民事纠纷，请求上述主体承担民事责任的，人民法院应予受理。

（二）罪状阐述

由于经济形势的复杂性和经济活动的逐利性，民间借贷总是容易异化为集资诈骗等犯罪。2020年最高人民法院《关于修改〈关于审理民间借贷案件适用法律若干问题的规定〉的决定》中明确规定，以中国人民银行授权全国银行间同业拆借中心每月20日发布的一年期贷款市场报价利率（LPR）的4倍为标准确定民间借贷利率的司法保护上限，取代原规定中"以24%和36%为基准的两线三区"的规定，大幅度降低民间借贷利率的司法保护上限。由合法民间借贷发展到集资诈骗犯罪是一个从量变到质变的过程，当民间借贷利率略微超过司法保护上限时，可能会被认定为高利贷等非法行为，但此时还未构成集资诈骗罪。只有当民间借贷的社会危害性不断增加（相应的可能同时出现利率显著超过一般理性经济活动预判阈值的情况），达到应受刑罚处罚的程度时，行为才会被视为集资诈骗罪。《刑法修正案（十一）》调整了该罪的法定刑档次，同时取消对罚金数额的限定。另外，该罪对单位与自然人的处罚一致，且该罪的死刑条款被取消。

本章所讨论的集资诈骗罪与上一章的非法吸收公众存款罪存在交叠关系。集资诈骗罪的客观行为方面与非法吸收或变相吸收公众存款相同，即本罪也必须符合非法吸收公众存款罪的四个入罪要件：（1）未经有关部门依法许可或借用合法经营的形式吸收资金（非法性）；（2）通过网络、媒体、推介会、传单、手机信息等途径向社会公开宣传（公开性）；（3）承诺在一定期限内以货币、实物、股权等方式还本付息或给付回报（利诱性）；（4）向社会公众即社会不特定对象吸收资金。未向社会公开宣传，在亲友或单位内部针对特定对象吸收资金的，不属于非法吸收或变相吸收公众存款；社会公众包括单位和个人（社会性）。只不过在主观上，相较于非法吸收公众存款罪，集资诈骗罪存在非法占有（欺诈）目的，而非法吸收公众存款罪还是有还款目的的。在司法实践中，集资诈骗的常见欺骗方法主要有：虚构客观上不存在的公司、企业非法集资；伪造金融机构印章，假冒金融机构集资；利用多层次传销方式集资；利用虚假的证券交易形式集资等。因此，对集资诈骗罪的认定除了要确认符合非法吸收公众存款罪的构成要件之外，还要对"非法占有目的"与"诈骗方法"进行充分的阐释。

首先，关于"非法占有目的"，理论界存在不同学说。例如以日本为代表的大陆法系的"排除权利者的意思说"（认为非法占有是排除权利者拥有的所有权，自己以财物所有者的身份进行活动）、"利用处分意思说"（认为非法占有是对财物本身的经济价值加以利用、行使处分权）以及"折中说"（认为非法占有既指排除他人占有变自己所有，也包括对财物的利用和处分）。[①]此外，我国还有"意图占有说"，认为"所谓非法占有目的，是指明知是公共的或他人的财物，而意图把它非法转归自己或第三者占有"；"不法所有说"，认为"非法占有目的包括两种情况：一是以非法暂时占有（狭义）、使用为目的；二是以不法所有为目的"，包括排除意思和利用意思两个方面；还有"非法获利说"，认为财产犯罪大多为贪利性犯罪，其本质不是意图占有或者非法所有，而是非法获利。[②]但综合而言，"非法占有目的"仍是行为人的主观思想内容，对这一主观要素的认定需

---

① 参见［日］曾根威彦：《刑法的重要问题（各论）》，成文堂1996年日文补订版，第130页。

② 参见高铭暄主编：《中国刑法学》，中国人民大学出版社1989年版，第502页。

要通过行为人事前、事中、事后的行为表现来推定。由于现有科学认知技术手段尚不能直接测定行为人内心主观内容，因而"不能从主观到客观认定案件事实，而应从客观到主观认定案件事实"①。当然，行为人的供述也是证明行为事实的重要依据，但如果仅有行为人的供述而没有相应的事实印证，则难以确定行为事实，即需要通过客观行为表现来推定主观目的（供述为辅）。实践中，若行为人否认其非法占有目的，司法机关会根据一定的规则从行为人的客观行为表现、钱款去向等客观事实推出相应的主观目的，从而能够根据主客观因素认定整体案件事实，这就是司法实践中经常运用的推定。推定"是一种根据所证明的基础事实来认定推定事实成立的方法"②。这里需要注意，基础事实与待证事实之间的联系是"一般的、常规的、逻辑的，是事实关系的规范化"③。对集资诈骗罪中的非法占有目的，也应当根据基础事实和经验法则推定。一方面不能无限推定，另一方面应当符合一定的法律和社会规则，并且有一定的限度。一般情况下，前一种事实存在，后一种事实也会存在，二者表现为一种伴生关系。在客观上可以考量的因素包括：集资的理由和方法、行为人对资金的占有处置方式、拒绝还款的理由及行为表现等。没有非法占有目的的集资人往往采取一定的方法和手段来改良生产、提高生产效率，最大程度地用生产利润来减少集资的利息损失，因而企业经营改善、有所盈利的情况下会有还款计划，尽量还款。因此，如果行为人正积极准备还款、已履行部分还款义务或事后主动弥补损失等，可从反面来排除非法占有目的。2010年最高人民法院《关于审理非法集资刑事案件具体应用法律若干问题的解释》第七条第二款规定了八种通过客观行为推定非法占有目的的情形。但需要注意，即便行为现实符合上述情形，也应坚持主客观相统一，结合查证属实的基础性事实，根据经验法则综合认定行为人的主观目的。在具体运用中，既要避免以欺骗方法的认定替代非法占有目的的认定，又要避免仅仅

① 张明楷:《案件事实的认定方法》,《法学杂志》2006年第2期。

② 陈瑞华:《论刑事法中的推定》,《法学》2015年第5期。

③ 李明:《诈骗罪中"非法占有为目的"的推定规则》,《法学杂志》2013年第10期。

考虑客观结果、损失程度等认定犯罪，还要避免仅以行为人的主观供述归罪。比较合理的做法是根据案件的主客观因素，以构成要件为依托综合分析、综合判断。

司法实践中，在判定案件事实时应重点考查同案犯对相关事实的描述、投资项目是否真实、投资款项是否虚高、资金是否用于实际经营、行为人的经济实力是否能够保证项目持续进行等因素。"既要注意分析、判断行为人主观心理，更要查清其客观行为。"①对于将非法集资款投入真实项目中，但因为市场原因、商业风险或经营不善造成大多数集资款不能返还的情况，一般不应认定对集资款具有非法占有目的；若行为人没有实体经营，或实体经营的比例极小，通过签订虚假合同、虚假银行流水虚构资金使用项目进行非法集资，其投入的正常经营项目根本无法保证偿还经营中的成本和集资参与人的约定利息，也就是说行为人的投资项目的预期利润按照常理根本无法等于或大于其使用相应集资款的成本，这种情况应当认定行为人具有非法占有的目的。而司法解释列举了部分认定为"以非法占有为目的"的情况：（1）集资后不用于生产经营活动或者用于生产经营活动与筹集资金规模明显不成比例，致使集资款不能返还的；（2）肆意挥霍集资款，致使集资款不能返还的；（3）携带集资款逃匿的；（4）将集资款用于违法犯罪活动的；（5）抽逃、转移资金、隐匿财产，逃避返还资金的；（6）隐匿、销毁账目，或者搞假破产、假倒闭，逃避返还资金的；（7）拒不交代资金去向，逃避返还资金；（8）其他可以认定非法占有目的的情形。即这些行为表现很有可能会被认定为集资诈骗罪。

关于存在"非法占有目的"时而使用的诈骗方法，存在几种观点争议。例如，有观点认为，根据司法解释规定，"诈骗方法"主要包括虚构集资用途、虚构证明文件和虚假承诺高回报率等。②也有观点认为，集资

---

① 王兆忠、雷涛、刘旎：《集资诈骗罪审理中常见疑难问题认定与证明》，《法律适用》2019年第16期。

② 1996年《全国法院审理金融犯罪案件工作座谈会纪要》指出，"诈骗方法"是指行为人采取虚构集资用途，以虚假的证明文件和高回报率为诱饵，骗取集资款的手段。

诈骗的诈骗方法等于一般诈骗罪的"欺骗行为",是指行为人以虚假的或者不真实的意思表示,从而使受骗人陷入错误认识之中,受骗人因错误认识处分财产。①还有观点进一步看到集资诈骗罪的特殊性,提出了"三次限缩说":首先,刑法的诈骗与经济法、民法中的欺诈行为不同,对生活、市场、投资和投机四个领域应适用不同层级的欺诈标准;其次,诈骗方法必须同时具备虚构集资用途、虚假的证明文件、以高回报率为诱饵三个条件;最后,由于区域差异,对融资发达地区适用投资或投机领域的标准,对融资欠发达地区适用生活或者市场标准。②司法实务中,不同司法人员对于这三种观点都有所适用。但仍需说明的是,与民事领域相比,刑法对商事领域的干涉应当更小。例如,将一个普通的杯子,谎称为明代古董,卖给村里的老农,构成诈骗罪;若在商场里出售,则构成"市场上的诈骗";若在古玩市场出现,属于民事上的"射幸行为",则不构成刑事犯罪。③由此,关于"诈骗方法"的认定,在民事、商事领域可以适用不同的标准。

而关于对"社会公众"的解释,也存在不同观点。观点一认为,应以行为人集资的主观态度、集资的方式和集资的对象来认定。④观点二认为,集资诈骗的行为特征为"敞开式",只要符合集资人面向社会公开的设定条件,都可作为"社会公众"来判断。⑤观点三认为,在客观上行为人以向社会公开的方式筹集资金,在主观上也具有向社会上不特定多数人集资的想法。⑥观点四认为,应从不特定性指向对象的广泛性和不可控制性的

---

① 参见张明楷:《集资诈骗罪的行为特征》,《中国审判》2011年第2期。

② 参见高艳东:《诈骗罪与集资诈骗罪的规范超越:吴英案的罪与罚》,《中外法学》2012年第2期。

③ 宋立宵:《刑民交叉视野下集资诈骗罪的司法适用问题》,载《上海法学研究》集刊2022年第13卷——新兴权利与法治中国文集,第249页。

④ 参见彭少辉:《非法集资的刑法规制与金融对策》,《中国刑事法杂志》2011年第2期。

⑤ 参见钟瑞庆:《集资诈骗案件刑事管制的逻辑与现实——浙江东阳吴英集资诈骗案一审判决的法律分析》,《法治研究》2011年第9期。

⑥ 参见叶良芳:《从吴英案看集资诈骗罪的司法认定》,《法学》2012年第3期。

特点入手，分析集资参与人的抗风险能力和集资行为的社会辐射力。①司法实务中，观点三与观点四被采纳的相对较多。同时，此处也可以借鉴非法吸收公众存款罪中对于"社会公众"的解释。

需要注意，行为人仅对部分资金具有非法集资行为和非法占有目的的，对该部分资金（非法集资行为所涉集资款）以集资诈骗罪定罪处罚。案发前已归还的数额应当从集资诈骗罪的数额中扣除（以实际骗取的数额为准）。行为人为实施集资诈骗活动而支付的广告费、中介费、手续费、回扣，或者用于行贿、赠与等费用，不予扣除。行为人为实施集资诈骗活动而支付的利息，除本金未归还可予折抵本金以外，应当计入诈骗数额。此外，需要注意行为与责任同时存在这一要素。非法占有目的只能存在于使用诈骗方法非法集资之际。如果获取资金之后才产生非法占有目的，欺骗出资人免除自己还本付息义务的，只成立诈骗罪，不成立集资诈骗罪，也不成立侵占罪。一般认为，没有非法占有目的，在特定范围（如面向单位职工）筹集资金，即使有一定欺诈手段，也不成立集资诈骗罪。

另外，网络借贷信息中介机构或其控制人，利用网络借贷平台发布虚假信息，非法建立资金池募集资金，所得资金大部分未用于生产、经营活动，主要用于借新还旧和个人挥霍，无法归还所募集资金数额巨大，应认定具有非法占有目的，成立集资诈骗罪。还有一种情况属于集资诈骗型的非法经营罪，主要涉及的是《刑法》第二百二十五条第三项"未经国家有关主管部门批准非法经营证券、期货、保险业务的，或者非法从事资金支付结算业务的"。例如，私募基金，情节严重的，一般以非法经营罪定罪处罚（但若有非法占有目的，则构成集资诈骗罪），非法从事资金支付结算业务也同理。从已查处的情况来看，"地下钱庄"主要从事以下金融活动：（1）非法买卖外汇，跨境汇兑；（2）非法吸收存款、放贷；（3）非法从事境内资金转移、分散、提取现金等活动。

而在共同犯罪上，依据部分犯罪共同说，集资诈骗罪和非法吸收公众存款罪在非法吸收公众存款罪的范围内重合，在重合部分可以成立共同犯

---

① 参见曹红虹：《非法集资案件相关问题》，《中国检察官》2011年第9期。

罪。例如，非法集资共同犯罪中部分行为人具有非法占有目的，其他行为人没有非法占有集资款的共同故意和行为的，对具有非法占有目的的行为人以集资诈骗罪定罪处罚，其他（没有非法占有集资款的共同故意和行为的）共同犯罪人以非法吸收公众存款罪定罪处罚。

与非法吸收公众存款罪类似，针对集资诈骗罪，企业在合规架构设计上应做到以下方面：首先，建立严格的内部审计制度，对企业内部的财务活动进行全面的审计和监督。具体包括：严格审核投资项目，对于每一个项目都要进行严格的审核，识别潜在的风险，避免被诈骗；制定投资限制和准入规则，对于投资人和投资金额进行限制，规范准入标准，避免非法吸收资金；建立投资风险提示机制，及时向投资人发出投资风险提示，帮助投资人了解投资风险，降低投资风险；建立投资者教育培训制度，对投资人进行培训，提高其风险防范意识和辨别能力，从而减少受骗的可能性。其次，需要加强企业内部管理。建立健全内部管理体系，确保各部门、各岗位职责清晰、相互制约，严格落实制度，防范内部员工的违法行为。通过培训、教育等方式，强化员工对合规的认识和重视程度，让员工清楚了解集资诈骗罪的危害和后果。具体包括：建立内部审计和监督制度，及时发现并纠正公司内部存在的风险和问题；建立信息披露制度，及时披露重要信息，保护投资人知情权和投资者的合法权益；强化资金管理，建立严格的资金管理制度，包括预算管理、资金流动监控、风险管理等，避免资金被挪用、流失或用于其他非法活动；加强对合作伙伴的管理，与合作伙伴建立长期稳定的合作关系，定期对其进行审查和监督，确保其合法经营。最后，企业要建立信任机制，定期对集资业务进行风险评估和内部合规检查，及时发现和解决合规问题，对于评估发现的重点领域风险，通过建立风险预警机制和信任机制，保持与投资人的适时沟通和互动，防范投资人的恶意举报和投诉，提高投资人对企业的信任度。

（三）典型案例

案例一：在钟某、王某集资诈骗案①中，被告人的集资诈骗行为主要表现为：在未取得政府部门融资行政许可的情况下，明知自己及其他被告人均无偿还能力、公司没有其他正当经营与收入来源的情况下，仍然以高档汽车与高额回报为诱饵，采用收取会员费、分公司保证金、股金、理财等四种形式向社会公众非法集资。（1）收取会员费。以 DL 豪车公司的名义向集资参与人宣某介绍"你开车、我付款"的虚假购车项目，称只要交纳相应档次的会员费即可成为公司会员，会员购买高档汽车时公司为其垫付 30% 的首付款和汽车购置税；提车后公司为会员办理不低于所购汽车价格额度的高额信用卡；发卡后公司使用信用卡为会员理财，理财的收益用于归还每月的购车贷款，或者将所购汽车租赁给公司，用租金偿还每月的购车贷款；三年后购车贷款即可还清，会员免费获得所购汽车。被告人与集资参与人签订 DL 豪车公司会员合作协议并收取会员费后，除为个别会员购车外，无法逐一兑现购车承诺，也没有能力为被害人办理高额信用卡或者办理汽车租赁，将收取的会员费非法占有。（2）收取分公司保证金。被告人向已交纳会员费的集资参与人称，再交纳 10 万元人民币（以下币种均同）分公司保证金即可成为指定地区的分公司经理，分公司经理每发展一个会员即可获得 1.3 万元的提成奖励，发展的会员如果购买汽车可再获得裸车价格 4% 的分红，三年后全额返还 10 万元分公司保证金。被告人钟某等人与集资参与人签订合作协议书后，将收取的分公司保证金非法占有。（3）收取股金。被告人向已交纳会员费的集资参与人虚构了可以以每股 1 万元的价格购买公司股份，成为股东后即可享受公司利润分红的事实。在收取集资参与人交纳的股金后，被告人既没有办理股权转让登记，也没有进行利润分红，将收取的股金非法占有。（4）收取理财款项。被告人钟某等人以 DL 豪车公司的名义，虚构理财项目向集资参与人借款，称

① 辽宁省高级人民法院（2021）辽刑终 19 号刑事判决书。

将信用卡借给公司可以获得月息3%的收益，将现金借给公司可以获得月息5%的收益，后将收取的理财款项非法占有。

案例二：在SL公司集资诈骗案①中，法院认定被告公司在非法募集资金过程中使用了欺骗方法。具体如下：第一，作为理财产品转让的个人及公司债权系虚假或部分虚假。负责人指令员工重复匹配债权，甚至十几倍扩大债权，以满足资金端对债权的巨大需求；借用公司员工身份设立大量关联公司，到资产端平台融资以形成虚假债权包。第二，2017年下半年在金融监管机构要求整改期间，SL公司负责人决定以转移销售人员至关联公司、将沿街门店转移至写字楼、向监管机构上报虚假数据等方式，隐匿被告公司仍然利用Y公司10余亿元债权非法募集100余亿元资金的事实。第三，存在虚假宣传。SL公司负责人通过处理媒体关系，在明知公司存在非法集资、资金池等违法违规情况下，寻找公关公司删除对被告公司不利的报道，故意营造被告公司规模大、资金雄厚的表象，减少负面信息对公司理财产品销售的影响。第四，在推荐理财产品时，未向投资人披露Y公司、北京XX公司、A公司与被告公司及该负责人的关联关系，且未告知投资人资金的真正去向。此外，从资金去向看，被告公司集资后的资金，用于生产经营活动的数额与募集数额规模明显不成比例。超九成资金用于还本付息、员工薪资、业务提成、经营费用等支出，而用于项目支出的资金不足10%，且投资项目未产生有效收益，即使有部分收益，也远低于集资规模，不具有偿付集资本息的可能性。可见，被告公司的目的是募集资金，以填补之前已经开展的非法募资业务以及房地产开发业务的资金缺口。

案例三：在张某集资诈骗案②中，被告人张某多年来陆续成立数个公司，许可经营项目为贷款担保、票据承兑担保、贸易融资担保、项目融资担保、信用证担保等融资性担保业务。此外，被告人张某还通过关联公司或关系人持股、安排手下工作人员担任高管等方式，实际控制各个关联公

---

① 上海市第一中级人民法院（2019）沪01刑初26号刑事判决书。

② 四川省成都市中级人民法院（2018）川01刑初273号刑事判决书。

司，而后采取虚构用款项目、隐瞒款项真实用途的方式，以部分公司为担保方，以另一部分公司为用款方，再以其他几个关联公司为居间方，营造了多个公司参与合作、担保的假象，以月息1.5%～1.8%的高收益招徕社会不特定公众，通过签订《借款担保合同》《借款担保居间合同》等，向1200余人非法集资2.3376亿元。最终法院认定其构成集资诈骗罪。

四、虚开增值税专用发票罪

（一）相关的规范性文件

1.《中华人民共和国刑法》

第二百零五条 虚开增值税专用发票或者虚开用于骗取出口退税、抵扣税款的其他发票的，处三年以下有期徒刑或者拘役，并处二万元以上二十万元以下罚金；虚开的税款数额较大或者有其他严重情节的，处三年以上十年以下有期徒刑，并处五万元以上五十万元以下罚金；虚开的税款数额巨大或者有其他特别严重情节的，处十年以上有期徒刑或者无期徒刑，并处五万元以上五十万元以下罚金或者没收财产。

单位犯本条规定之罪的，对单位判处罚金，并对其直接负责的主管人员和其他直接责任人员，处三年以下有期徒刑或者拘役；虚开的税款数额较大或者有其他严重情节的，处三年以上十年以下有期徒刑；虚开的税款数额巨大或者有其他特别严重情节的，处十年以上有期徒刑或者无期徒刑。

虚开增值税专用发票或者虚开用于骗取出口退税、抵扣税款的其他发票，是指有为他人虚开、为自己虚开、让他人为自己虚开、介绍他人虚开行为之一的。

第二百零五条之一 虚开本法第二百零五条规定以外的其他发票，情节严重的，处二年以下有期徒刑、拘役或者管制，并处罚金；情节特别严重的，处二年以上七年以下有期徒刑，并处罚金。

单位犯前款罪的，对单位判处罚金，并对其直接负责的主管人员和其他直接责任人员，依照前款的规定处罚。

第二百零八条 非法购买增值税专用发票或者购买伪造的增值税专用发票又虚开或者出售的，分别依照本法第二百零五条、第二百零六条、第二百零七条的规定定罪处罚。

2.最高人民法院《关于审理骗取出口退税刑事案件具体应用法律若干问题的解释》

第九条 实施骗取出口退税犯罪，同时构成虚开增值税专用发票罪等其他犯罪的，依照刑法处罚较重的规定定罪处罚。

3.最高人民检察院、公安部《关于公安机关管辖的刑事案件立案追诉标准的规定（二）》

第五十六条 〔虚开增值税专用发票、用于骗取出口退税、抵扣税款发票案（刑法第二百零五条）〕虚开增值税专用发票或者虚开用于骗取出口退税、抵扣税款的其他发票，虚开的税款数额在十万元以上或者造成国家税款损失数额在五万元以上的，应予立案追诉。

4.全国人民代表大会常务委员会《关于惩治虚开、伪造和非法出售增值税专用发票犯罪的决定》

一、虚开增值税专用发票的，处三年以下有期徒刑或者拘役，并处二万元以上二十万元以下罚金；虚开的税款数额较大或者有其他严重情节的，处三年以上十年以下有期徒刑，并处五万元以上五十万元以下罚金；虚开的税款数额巨大或者有其他特别严重情节的，处十年以上有期徒刑或者无期徒刑，并处没收财产。

有前款行为骗取国家税款，数额特别巨大、情节特别严重、给国家利益造成特别重大损失的，处无期徒刑或者死刑，并处没收财产。

虚开增值税专用发票的犯罪集团的首要分子，分别依照前两款的规定从重处罚。

虚开增值税专用发票是指有为他人虚开、为自己虚开、让他人为自己虚开、介绍他人虚开增值税专用发票行为之一的。

（二）罪状阐述

根据不同的行为方式和行为对象，刑法中共设立有十种不同发票类犯罪：（1）虚开增值税专用发票、用于骗取出口退税、抵扣税款发票罪；（2）伪造、出售伪造的增值税专用发票罪；（3）非法出售增值税专用发票罪；（4）非法购买增值税专用发票、购买伪造的增值税专用发票罪；（5）非法制造、出售非法制造的用于骗取出口退税、抵扣税款发票罪；（6）非法制造、出售非法制造的发票罪；（7）非法出售用于骗取出口退税、抵扣税款发票罪；（8）非法出售发票罪；（9）虚开发票罪；（10）持有伪造的发票罪。这几个关联性的个罪之间存在共同对合与片面对合的区分，虚开增值税专用发票罪是共同对合，伪造、出售（真或假）、购买（真或假）行为均构成犯罪。但其他发票（含出口退税发票）类犯罪是片面对合，不惩罚单纯的购买（真或假）行为。本章主要讨论虚开增值税专用发票罪。

税收是国家财政收入的主要形式和工具，对国民经济和社会发展有深远影响。近年来，随着营业税改为增值税的全面推开，增值税已经成为中国最大的税种，其是以商品（含应税劳务）在流转过程中产生的增值额作为计税依据而征收的一种流转税。增值税专用发票具有抵扣税款的功能，甚至可以依托增值税政策来刺激商业经济活动。例如，自2022年3月21日国务院部署实施《政府工作报告》提出的1.5万亿增值税留抵退税政策安排以来，退税资金全部直达企业，既帮助了各类市场主体直接高效纾困解危，又涵养税源地推进了增值税制度改革。但也正是因为增值税专用发票具有抵扣税款的功能，增值税纳税人往往会受利益驱使，通过虚开增值税专用发票的进销项数额、篡改交易清单等手段，或者利用不同税种之间的税率差变票虚开，逃避缴纳或者少缴纳税款。2022年6月，国家税务总局公布数据显示：2022年4月1日至6月29日期间，查实的骗取留抵退税企业达1645户，共计骗取留抵退税款20.34亿元，造成其他税款损失14.33亿元。[①]自2021年10月开展常态化打击虚开骗税违法犯罪专项行动以来，全国各地累计查处的涉嫌虚开骗税的企业达4万余户。在电子专用发票能够成功阻击虚开增值税专用发票犯罪的制度预期的同时，进一步凸显了虚开增值税专用发票犯罪的高发频发态势和犯罪手段的不断升级。但与之形成反差的是，质疑虚开增值税专用发票罪正当性的声音近年来呈愈益响亮之势。尤其是随着恢复性司法等柔性治理方式的不断涌现，对于虚开增值税专用发票罪的性质（不法本质）、犯罪构造以及虚开概念本身，不但学界众说纷纭，而且实务态度不明，对于那些不断增多的对国家税收利益的危害性有限的虚开行为（如有货代开、为虚增业绩环开等）的定性更是做法不一。最高人民法院在答复湖北省高级人民法院请示的"湖北汽车商场虚开增值税专用发票案"、福建省高级人民法院请示的"泉州市SY锦涤实业有限公司等虚开增值税专用发票案"以及2018年发布的"张某强虚开增值税专用发票案"等典型案例中，均主张不宜按犯罪处理，理由是行为人主观上不具有偷骗税款的目的，客观上亦未实际造成国家税收损失。[②]对这一问题的众说纷纭，使得虚开增值税专用发票罪的认定成为难题。

关于虚开增值税专用发票、用于骗取出口退税、抵扣税款发票罪的性质（不法本质），实务中存在着"行为犯说""目的犯说""危险判断说"（"抽象危险说"）三种不同观点。传统理论采取"行为犯说"，认为虚开增值税专用发票罪所保护的法益应当被概括为国家的税收征管制度或增

---

① 田宏杰：《虚开增值税专用发票罪的理论误区与治理重塑》，《中国法学》2023年第4期。

② 参见2002年4月16日最高人民法院《关于湖北汽车商场虚开增值税专用发票一案的批复》（刑他字〔2001〕36号）；牛克乾：《虚开增值税专用发票罪与非罪之认定》，《人民司法》2008年第22期；中华人民共和国最高人民法院(2016)最高法刑核51732773号刑事裁定书。

值税发票的管理秩序[1]。按照此观点，只要实施虚开增值税专用发票行为，就会破坏国家税收制度，从而构成本罪，至于增值税是否认证申报或已经抵退，已经不是构成要件方面需要考虑的事项，而只是本罪量刑需要考虑的情节。[2]但是，随着发票用途的日益广泛，增值税专用发票不仅成为以票控税的税收征管依据，而且逐渐成为纳税人经营业绩的重要评价指标，从而与核准制下的IPO发行上市审核、信用等级评定和银行贷款审批等商业活动挂钩，不以骗逃税为目的，仅仅为了"刷评分"的虚开增值税专用发票行为增多，然而虚开增值税专用发票罪的法定刑配置又较为苛重，因而传统的"行为犯说"因定罪门槛低，遇到"刷评分"的虚开增值税专用发票行为时会面临刑罚远大于行为社会危害性的情况，从而被广为诟病。不仅致力于限缩该罪成立范围的各种主张纷至沓来，而且在发票电子化的数字时代，出现了质问该罪存在的必要性和正当性的呼声，进而要求取消该罪的呼吁也不时与闻，"目的犯说"和"危险判断说"就是基于这一现实而作改进的其中较有影响力的两种观点。"目的犯说"认为具有骗取税款的目的是本罪的不成文构成要件要素，行为人主观上缺乏偷骗税款的目的，客观上未实际造成国家税收损失的虚开行为不构成犯罪。[3]"目的犯说"旨在将部分不具有严重社会危害性的虚开行为排除在本罪的处罚范围之外，主张本罪除了行为人主观上对于虚开行为的故意外，还应当具备骗取税款的主观目的，且该目的的成立以积极追求结果发生的直接故意为限。[4]因而出于其他目的的虚开，如为了虚增业绩、夸大实力、有真实交易等情形不应被认定为犯罪。"危险判断说"则认为虚开行为必须对法益

① 参见高铭暄、马克昌主编：《刑法学》，北京大学出版社、高等教育出版社2000年版，第427页；王作富主编：《刑法》，中国人民大学出版社2016年版，第339页；周道鸾、张军主编：《刑法罪名精释》（第4版），人民法院出版社2013年版，第296页。

② 参见姜明：《虚开增值税专用发票实务问题研究》，《黑龙江社会科学》2014年第6期；陈兴良：《不以骗取税款为目的的虚开发票行为之定性研究——非法定目的犯的一种个案研究》，《法商研究》2004年第3期。

③ 参见高铭暄、马克昌主编：《刑法学》，北京大学出版社、高等教育出版社2000年版，第484页。

④ 参见陈兴良：《教义刑法学》，中国人民大学出版社2010年版，第453页。

造成抽象危险，应以一般的经济运行方式与规律为根据，判断行为是否具有造成国家税款损失的危险，如果虚开的行为不具有抽象危险性，则不宜认定为本罪。例如，甲、乙以相同的数额相互为对方虚开增值税专用发票，并且已按规定缴纳税款，不应认定为本罪；行为人虚开的增值税专用发票没有抵扣联的，也不应认定为本罪。[①]司法实务中以"危险判断说"为主，即认为虚开增值税专用发票罪是抽象危险犯。

"目的犯说"和"危险判断说"对"行为犯说"的缺陷而作的弥补值得肯定，根据这两种学说，无抵扣可能的虚开、高于真实交易金额的虚开、相互"对开"或"环开"[②]、"挂靠经营"以及不存在挂靠关系的如实代开[③]不再被认定为虚开增值税专用发票罪。这使得刑法对相应社会危害性较小的行为的评价更加合理，进一步完善了刑法体系罪责刑相适应原则。但这两种学说仍存在一些问题，或者说均没有跳脱根本上的问题，即对《刑法》第二百零五条与其前置税法之间规范关系的忽略，这使得对虚开增值税专用发票罪不法本质的发掘和规范构造的分析不是基于行刑一体共治的法秩序统一立场，而是限于刑法体系内部的孤立展开。实际上，"目的犯说"和"危险判断说"将关注的目光聚焦于虚开行为对国家税收利益的侵害，而忽略了税收法定原则下增值税纳税人的抵退权和税收公平秩序中其他市场主体的合法权益。但是后者才是增值税制度设计的灵魂和"营改增"优化营商环境的深远意义。此外，无论"目的犯说"还是"危险判断说"，所持的都是预备行为正犯化的立场，将虚开增值税专用发票视为逃骗税等危害国家税收利益犯罪的预备行为。虽然目前虚开增值税专用发票罪已经废除了死刑，但其法定最高刑仍达到了无期徒刑，与其他关

---

① 参见张明楷：《刑法学》（第5版），法律出版社2016年版，第816页。

② 参见福建省高级人民法院(2001)闽刑终字第391号刑事判决书。这类行为主要表现为企业集团内部,出于"刷评分"、虚增营业额、扩大销售收入、完成政府的销售收入指标的需要,在没有货物交易的情况下,通过企业集团内部企业之间相互"对开"或三方以上"环开",从而增加企业集团整体的销售收入、提升业绩,用于上市、招商、贷款等商业目的或者获得财政补贴等优惠条件。

③ 即开票方不具有特定行业的资质或者不具备增值税发票开具资格如小规模纳税人等,通过其他单位虚开发票的情形。

联犯罪的法定刑相比，刑罚仍不均衡（例如逃税罪）。

实际上，即使按"目的犯说"和"危险判断说"，在司法实践中也难以摆脱虚开增值税专用发票罪的认定困境。对于虚开增值税专用发票罪的成立，"目的犯说"侧重于主观目的的限制，但主观目的的证明本就是司法适用中的难题，不仅很大程度上依赖于行为人的口供，而且大多还得借助客观事实进行推定，加大了事实真实性判断的难度。而基于主客观相统一的刑法原则，目的犯的构造要求骗税目的必须同步产生于虚开行为实施之时，从而使行为人能够以虚开时没有骗税或逃税目的，其后实施的非法抵退不过是出于过失等为由进行辩解，导致对案件的判断陷入僵局。至于"危险判断说"，虽然注重从客观构成要素上进行限缩，但同样需要司法人员依据"通常的经济运行方式去判断一个具体的代开或者虚开增值税专用发票的行为是否具有骗取国家税款、造成国家税款损失的危险，如果不具有这种危险，则不宜认为构成本罪"①。

上述三个观点表面上看是围绕虚开增值税专用发票罪的犯罪构造尤其是主、客观构成要素展开的，但根本上还是源自对虚开增值税专用发票罪的规范保护目的及其法益侵害实质的评价有异。需要指出，不能认为刑法法益由刑事部门法独立保护，相反，其既是刑法与前置法对承载宪法价值秩序之社会经验事实进行逐级规范承认的产物，又是刑法按照前置法的规范精神，并按照宪法比例原则进行比例配置，进而予以层级保护与规范的结果。②因此，犯罪的立法生成机理和司法适用机制在于"前置法定性与刑事法定量相统一"③。虚开增值税专用发票罪的罪质即虚开行为的刑事"不法"实质，主要取决于规制增值税征管的前置法之规范教义；而虚开增值税专用发票罪的罪状和罪量即虚开行为的刑事"不法"类型及其刑事可罚程度，则取决于以保护增值税征管前置法所设立的法益为己任的《刑

---

① 黄荣坚：《基础刑法学》（下），台湾地区元照出版公司2006年版，第620页。

② 田宏杰：《虚开增值税专用发票罪的理论误区与治理重塑》，《中国法学》2023年第4期。

③ 参见田宏杰：《规范关系与刑事治理现代化的道德使命》，人民法院出版社2020年版，第216—218页。

法》第二百零五条的规范设定。

由《刑法》第二百零五条可知，规制虚开增值税专用发票的前置法共有两类：一类是规制增值税征管制度的前置法，以《税收征收管理法》《增值税暂行条例》为主；另一类是规制发票印制、领取等增值税凭证管理的前置法，以《发票管理办法》为主。增值税本质上属于消费税，其最大特点是允许纳税人在缴纳销项税时将其从前一环节购入货物或劳务时垫付的进项税予以抵退，从而通过前垫后抵的税负层层传导，实现只对终端消费课税的目的。因而决定增值税制度功能得以实现的关键在于抵退计征机制在以下两个层面的正常运转：一是在实体层面，纳税人依法享有抵退权，即纳税人为应税销售而采购商品、劳务时垫付了进项税；二是在程序层面，纳税人依法履行了凭证义务，即增值税法律规范课予纳税人的"开具、使用、取得发票"等合法使用抵退凭证的义务和"使用税控系统""对凭证进行认证或者确认"①等证实发票合规性和真实性的义务。实体层面是纳税人主张抵退权的实质要件，税负不随经营环节而累积，纳税人通过抵退免于承担采购中的进项税，将税负转嫁给下一环节直至最终消费者，从而使增值税的征缴不会影响纳税人的定价体系或其经营决策。程序层面是纳税人行使抵退权的形式要件，旨在实现增值税征缴的自我核定，即纳税人通过主动提供合规的抵退凭证主动申报、计算并缴纳增值税款，从而使税务机关得以掌握纳税人进项交易的涉税信息并精准核定其纳税义务。②可见，增值税制度运行的关键在于抵退链条的科学、通畅、完整。虚开增值税专用发票罪的不法实质所在，即通过虚开增值税专用发票虚构抵退权，从而破坏上下游环环课税、层层抵扣的抵退计征机制的正常运转，进而破坏了增值税的制度功能。

因此，增值税发票不仅仅具有普通发票的凭证作用，还具备以抵退权为核心的抵退计征功能。对抵退计征机制的破坏，使得税务机关无法凭借

---

① 参见 2015 年《税收征收管理法》第 21、23、24 条，2017 年《增值税暂行条例》第 21 条和 2018 年《增值税防伪税控系统管理办法》第 20 条。

② 参见任宛立：《论增值税纳税人抵扣凭证协力义务》，《法学》2021 年第 4 期。

抵退凭证还原交易实质，无法对纳税人的纳税能力作出准确评估，导致纳税人承担与其纳税能力不相称的税负，既破坏了正当竞争秩序，又违背了税收公平原则，还导致税务统计数据失真和税收政策工具失灵。也正因如此，虚开增值税专用发票并不必然都会造成国家税收利益损失，或者说判断是否构成虚开增值税专用发票罪时不应仅盯着国家税收利益损失，有的情况下虚开行为甚至还会多缴纳增值税，如为下游产业虚假高开进项税，而上游也如数多缴增值税，这种案件在实践中并不鲜见。由此可见，以"国家税收利益"减损或有减损危险作为虚开增值税专用发票罪不法侵害实质的"目的犯说"和"抽象危险犯说"仍具有可完善的地方，司法实践可以考虑以"抵退计征机制"或"抵退计征秩序"而不是宽泛的"税收征管秩序"作为《刑法》第二百零五条的保护法益，既能矫正"行为犯说"的刑法过度规制倾向，将"票流、货流、款流"不一致但并未虚构抵退权的如实代开行为排除在本罪之外，又使增值税专用发票在具有抵退权的凭证功能之外还保有普通发票的证明功能，进而克服"目的犯说"和"危险判断说"因未能体系化地把握增值税制度的本质而将本罪视为骗逃税犯罪之预备犯的教义误区。

完成客观方面的阐述后，行为人虚开的主观故意则相对容易判断。在主观上，行为人只要明知为自己或他人，或介绍他人虚开增值税专用发票的行为会侵害抵退计征机制，希望或者放任其发生的，即为虚开故意，没有虚开故意的虚开增值税专用发票行为不能论之以本罪。至于行为人主观上是否具有骗逃税的目的，不影响本罪成立。但是如果虚开后又实施非法抵退行为的，无论非法抵退由虚开行为人本人还是其他人实施，均应在相应的加重量刑幅度内处刑。就为他人虚开、介绍他人虚开而言，行为人对于受票人受票后是否进行非法抵退进而造成国家税款损失，客观上不能支配掌控，主观上至多出于放任或容忍，是难以具有刑法意义上的犯罪目的的。否则不仅与办案实际不符，而且与立法规定相悖，因为本罪是一个独立罪名，而不是依附于逃税罪、骗取出口退税罪才能成立的从属罪名。正是基于此，无论在理论上还是实务中，对于规范构造和刑罚配置与虚开增值税专用发票罪相同的伪造、出售伪造的增值税专用发票罪（《刑法》第二百零六条），从未有学者主张以"骗税目的"限缩其成立范围。而对于确以骗税目的为主观构成要件要素的虚开型骗取出口退税罪[①]，《刑法》第二百零四条规定的基本刑是"五年以下有期徒刑或者拘役，并处骗取税款一倍以上五倍以下罚金"，明显高于《刑法》第二百零五条规定的不以骗税目的为必要的虚开增值税专用发票罪的基本刑，即"三年以下有期徒刑或者拘役，并处二万元以上二十万元以下罚金"。

还需提及的是，在主观目的上，如果将骗税目的纳为虚开增值税专用发票罪基本犯的主观构成要件，有破坏本罪与虚开发票罪之间刑法规制的逻辑自洽和责任均衡之虞。具体而言，对于没有骗逃税目的但严重违反凭证义务规范的虚开普通发票行为，以虚开发票罪论处，而对法益侵害更严重、社会危害性更大的破坏抵退计征机制（包括违反凭证义务）的虚开增值税专用发票行为，却因骗逃税目的的不具备或难以证明，既无法以本罪定罪，又因《刑法》第二百零五条之一对实质虚开增值税专用发票的明文排除，也不能以虚开发票罪论处，有失法律适用的平等和罪责刑的相适应。因此，本罪的成立在主观上具有破坏抵退计征机制的故意即为已足。该主观故意在行为人实施为他人虚开、为自己虚开、让他人为自己虚开或者介绍他人虚开等四种法定样态之一的客观行为时已经不证自明。当然，主观上是否具有骗税目的，客观上是否造成税款损失，是本罪情节加重犯能否成立的重要依据，司法中亦需查明。

其他需要注意的事项是，虚开增值税专用发票、用于骗取出口退税、抵扣税款发票罪总体上的虚开包括为他人虚开、为自己虚开、让他人为自己虚开、介绍他人虚开四种行为。《刑法修正案（八）》实施之后，虚开普通发票也构成犯罪。而非法购买增值税专用发票或购买伪造的增值税专

[①]《刑法》第204条规定，"以假报出口或者其他欺骗手段，骗取国家出口退税款，数额较大的"构成骗取出口退税罪。关于"假报出口"，2002年《最高人民法院关于审理骗取出口退税刑事案件具体应用法律若干问题的解释》第一条规定，是指以虚构已税货物出口事实为目的，具有下列情形之一的行为："……（三）虚开、伪造、非法购买增值税专用发票或者其他可以用于出口退税的发票；……"

用发票后，又以此虚开或出售的，属于吸收犯，分别依照虚开增值税专用发票罪、出售伪造的增值税专用发票罪、非法出售增值税专用发票罪定罪处罚。盗窃（或诈骗）得到增值税专用发票或可以用于骗取出口退税、抵扣税款的其他发票的，定盗窃罪（或诈骗罪），而不定此处的发票类犯罪。实施骗取出口退税犯罪、逃税罪等，同时又构成虚开增值税专用发票、用于骗取出口退税、抵扣税款发票罪的，属于想象竞合，依照处罚较重的规定定罪处罚。《刑法修正案（八）》增加了持有伪造的发票罪，即明知是伪造的发票而持有，数量较大的行为，也认定构成犯罪。这里的发票包括增值税专用发票，用于出口退税、抵扣税款的发票和其他发票。单位也可构成本罪。

实务中需要注意的几种常见的虚开表现形式：

（1）"暴力虚开"。即犯罪团伙利用虚假注册的公司短时间内开具大量增值税发票后，不申报不交税随即注销公司或逃走失踪等情形。如在高某犯虚开增值税专用发票、抵扣税款发票罪案中，高某等人于2015年4月和7月在江西省泰和县设立9家贸易公司，2015年7月至10月通过这9家公司向133家企业开具了增值税专用发票2119份，虚开发票金额20亿余元，税额3.5亿余元。①这类案件中，行为人对于危险的外溢有着积极的追求，属于典型的归责情形。

（2）利用税收优惠政策虚开。开票方利用地方的即增即返、减税等优惠政策进行虚开，赚取手续费、开票费，开票方虽然名义上如实如数缴纳了与发票相应的增值税，然而由于税收优惠政策，其所缴纳的增值税额会被按比例退回，但是受票方仍然可以根据票面的增值税额抵扣应纳税额。这种情形下，虚开的发票创设了国家税款流失的抽象危险，只要离开开票方的支配，即应当被归责。

（3）利用多余进项虚开。有的企业在正常的业务交易过程中，由于购买方不需要增值税专用发票或者故意采取不开具增值税专用发票的销售方式积累了一部分进项发票，行为人以收取手续费的方式将这部分进项发票

---

① 江西省高级人民法院(2018)赣刑终162号刑事判决书。

额度虚开给他人用以牟利。按照增值税的流转原理，产品最终流入消费环节，消费者已经承担了之前所有环节的企业上缴的增值税，开票方对其积累的进项均应承担纳税义务，此时开票方向受票方虚开发票导致双方的应纳税额均处于减少的状态，因此开票方一旦开具虚假发票，即应当被归责。

（4）低于真实交易金额虚开。在理论与实务中认定虚开数量或者金额不实的增值税专用发票均成立犯罪。[1]但也有观点认为，只有在开票方虚开金额低于真实交易金额，即开票方创设了应纳税额减少的危险，才应当被归责。开票方以低于真实交易的价格虚开增值税专用发票，这样减少了开票方的销项税额（增值税的应纳税额=销项税额–进项税额），开票方通过虚开减少销项税额，创设了应纳税额减少的危险状态，因此应当被归责。[2]

为防范虚开增值税专用发票罪，企业的合规行动可采取以下措施。一是建立完善的会计核算制度，这是防范虚开发票的重要措施之一，具体包括会计核算制度、财务报表制度等，以确保财务报表真实、准确。建立严格的账务处理流程，对业务流程中出现的各项费用进行严格核算，并对所有费用支出进行审核、备查，确保所有支出都是合法、合规的；建立严格的凭证审批制度，确保每张凭证都有充分的凭证支持和真实依据，防止虚开发票的情况发生。二是建立完善的内部管理机制，规范各项业务的审批流程。对于可能存在虚开发票风险的业务，应该增加审批的层级和严格程度，确保业务流程的合规性。例如，对于采购业务，企业可以规定必须进行多级审批，并对供应商进行充分的审查和评估，确保所采购的物品或服务的真实性和合法性。内部管理控制具体包括业务流程控制、信息技术控制、人员管理控制等，应该根据企业实际情况，制定相应的控制措施，防范虚开发票的情况发生。三是建立信息技术控制措施，对重要业务系统进行严格的权限控制和访问控制，限制员工的权限，包括使用集中发票管理

---

[1] 参见孙国祥、魏昌东：《经济刑法研究》，法律出版社2005年版，第472页。

[2] 参见马春晓：《虚开增值税专用发票罪的抽象危险判断》，《政治与法律》2019年第6期。

系统，跟踪和监控公司所有发票的发放和接收；实施较为严格的访问控制，仅允许具有特定职责的员工访问重要的财务系统和信息系统，以限制能够签发、批准和记录发票的员工数量，避免员工滥用权限或进行虚开发票等违规行为。四是定期进行内部审计，发现和解决虚开发票的问题，及时采取纠正措施，保障企业合规经营。内部审计应该有独立性和客观性，审计人员应该具有专业的审计知识和技能，能发现和排除各种违规行为，确保企业的经营合法性和规范性。企业还可以委托第三方机构对企业的业务流程和内部控制进行审计，评估企业的合规性和风险程度，提供改进建议。

（三）典型案例

案例一：在乔某虚开增值税专用发票案①中，被告人乔某知道涉案代理商同意成为江苏 KNT 公司代理商的目的就是获取增值税专用发票用于骗取国家税款，并且知道江苏 KNT 公司有多余的增值税专用发票可以开给其他人。被告人从各代理商处获取了数目不等的开票费，虽然被告人辩称收取的不是开票费而是管理费、好处费，但从案件分析可见，代理商在代理活动中唯一可以获取的好处即开具增值税专用发票用于抵扣出口退税，被告人对于收取款项的性质是心知肚明的。代理商无法从代理活动中获得正常的利润，虽然被告人称代理商可以获取 3%—5% 的毛利，但其与代理商没有任何书面或口头的分红协议，在经营过程中财务人员也只记录管理私卡的收入、支出流水账，并不区分各代理商所应当承担的经营、人事支出成本，故代理关系结束后也无法核算成本、收入进而结算利润。

案例二：在无锡市 A 公司等虚开增值税专用发票案②中，被告人辩称 A公司从废铜市场购买废铜，并按实际购买金额从 B 公司、C 公司开具发票，属于非法购买增值税专用发票的行为，应以非法购买增值税专用发票罪定

---

① 江苏省镇江市中级人民法院（2019）苏 11 刑终 4 号刑事裁定书。
② 江苏省淮安市中级人民法院（2018）苏 08 刑终 91 号刑事裁定书。

罪量刑。B公司、C公司作为废旧物资经营企业，其为A公司代开收购废铜发票的行为符合国家税务总局的规定，属于有真实交易而让他人为自己代开发票的行为，主观上不具有偷税目的。A公司低价购买增值税专用发票168份，税额7127576.39元，客观上未给国家税收造成损失，不应以虚开增值税专用发票罪论处。而法院认为，非法购买增值税专用发票罪是指行为人实施了非法购买增值税专用发票的行为，其中非法购买是相对于依法领购而言，即一般纳税人按一定的程序到税务机关认购。而让他人为自己虚开增值税专用发票，符合虚开增值税专用发票罪的行为特征。在A公司与B公司、C公司间没有真实交易的情况下，A公司以较低的价格取得发票，并在税务机关作为进项税进行抵扣，其主观上具有非法获取税款的故意，客观上导致了国家税收的巨额损失，该行为构成虚开增值税专用发票罪。因此不予采纳其辩护意见。

案例三：在郑某、Z公司虚开增值税专用发票案①中，检察机关认为郑某作为主管人员，应对Z公司虚开增值税专用发票的行为承担刑事责任并提出抗诉意见，法院分析评判如下：

首先，根据最高人民法院《全国法院审理金融犯罪案件工作座谈会纪要》，单位犯罪直接负责的主管人员是在单位实施的犯罪中起决定、批准、授意、纵容、指挥等作用的人员，一般是单位的主管负责人，包括法定代表人。但直接负责包括"直接"和"负责"两个要件，在强调"负责"的同时，不能忽视"直接"。由于单位犯罪产生于单位的决策机构按照预设的决策程序所作的决定，而单位的决策机构中包含众多管理人员，并非每个管理人员都会参与决策的制定和实施。实践中，不同管理人员在决策程序的不同阶段的参与程度千差万别。只有管理人员存在犯意通谋，均为单位犯罪的顺利实施提供了相应的保障，才应对单位犯罪直接负责，承担相应的刑事责任。相比单位中下层管理人员而言，高层管理人员在单位中的地位更高，决策权限更大，影响单位犯罪的能力也更强。因此，在单位犯罪中，高层管理人员的决策权比中下层管理人员更具有实质意义，但这并

① 北京市高级人民法院（2020）京刑终46号刑事判决书。

不意味着高层管理人员就当然地构成犯罪。是否构成单位犯罪，与职务级别、地位高低、权力大小并无必然联系，关键在于该管理人员在单位犯罪中的参与程度、是否起到了"决定、批准、授意、纵容、指挥"等重要作用。如果没起到上述重要作用，即便该管理人员是单位的法定代表人或者主要负责人，也不应对单位犯罪直接负责。

其次，具体到本案，根据现有证据，Z公司在2013年分成A和B两个分部办公。在公司分部办公后，郑某仅对B分部的业务活动进行管理。而从B分部的经营情况看，并无虚开增值税专用发票的需求。在工商登记方面，郑某作为公司法定代表人必然要对外签署相关文件，履行法定代表人职责，但这些行为都只是基于其法定代表人身份的正常履职行为，与公司的虚开增值税专用发票犯罪之间并无关联。郑某从公司的获利也是基于其在公司合法享有的大股东身份，与本案虚开增值税专用发票之间没有刑法上的因果关系。换言之，郑某承担公司法意义上的股东责任和法定代表人职责，并不等于其个人应当对公司所有的单位犯罪行为承担相应的刑事责任，二者不可相提并论。

最后，本案的核心问题不是要查明Z公司能否分立、两个分部是否独立核算，或者郑某对该公司是否有实际的控制权，而是需要查明郑某在虚开增值税专用发票过程中是否发挥了实际作用，或者说犯罪的危害后果能否归责于郑某的具体行为。关于郑某在指控的犯罪时段内明知并且同意Z公司虚开增值税专用发票这一点，根据现有证据，在记账凭证已证明郑某对虚开增值税专用发票未进行审批的前提下，能够证明其对虚开行为知情的直接证据仅有王某与苑某的供述。但在本案二审开庭期间，王某明确表示郑某事前和事中并不知道虚开一事；在检察机关重新调取的苑某证言中，苑某对于三人是否商量过购买增值税专用发票一事仍然不能肯定，她称"记得应该是说过"，但没有说明具体细节；苑某在开票公司出事后曾告知郑某，并不能佐证郑某事前知情。因此，对于以上待证事项，原公诉机关提供的证据尚不够确实、充分，尚未达到排除合理怀疑的证明标准，故不支持检察院的抗诉意见。

五、假冒注册商标罪、销售假冒注册商标的商品罪

（一）相关的规范性文件

1.《中华人民共和国刑法》

第二百一十三条 未经注册商标所有人许可，在同一种商品、服务上使用与其注册商标相同的商标，情节严重的，处三年以下有期徒刑，并处或者单处罚金；情节特别严重的，处三年以上十年以下有期徒刑，并处罚金。

第二百一十四条 销售明知是假冒注册商标的商品，违法所得数额较大或者有其他严重情节的，处三年以下有期徒刑，并处或者单处罚金；违法所得数额巨大或者有其他特别严重情节的，处三年以上十年以下有期徒刑，并处罚金。

2.最高人民法院、最高人民检察院《关于办理侵犯知识产权刑事案件具体应用法律若干问题的解释》

第一条 未经注册商标所有人许可，在同一种商品上使用与其注册商标相同的商标，具有下列情形之一的，属于刑法第二百一十三条规定的"情节严重"，应当以假冒注册商标罪判处三年以下有期徒刑或者拘役，并

处或者单处罚金：

（一）非法经营数额在五万元以上或者违法所得数额在三万元以上的；

（二）假冒两种以上注册商标，非法经营数额在三万元以上或者违法所得数额在二万元以上的；

（三）其他情节严重的情形。

具有下列情形之一的，属于刑法第二百一十三条规定的"情节特别严重"，应当以假冒注册商标罪判处三年以上七年以下有期徒刑，并处罚金：

（一）非法经营数额在二十五万元以上或者违法所得数额在十五万元以上的；

（二）假冒两种以上注册商标，非法经营数额在十五万元以上或者违法所得数额在十万元以上的；

（三）其他情节特别严重的情形。

第二条 销售明知是假冒注册商标的商品，销售金额在五万元以上的，属于刑法第二百一十四条规定的"数额较大"，应当以销售假冒注册商标的商品罪判处三年以下有期徒刑或者拘役，并处或者单处罚金。

销售金额在二十五万元以上的，属于刑法第二百一十四条规定的"数额巨大"，应当以销售假冒注册商标的商品罪判处三年以上七年以下有期徒刑，并处罚金。

第八条 刑法第二百一十三条规定的"相同的商标"，是指与被假冒的注册商标完全相同，或者与被假冒的注册商标在视觉上基本无差别、足以对公众产生误导的商标。

刑法第二百一十三条规定的"使用"，是指将注册商标或者假冒的注册商标用于商品、商品包装或者容器以及产品说明书、商品交易文书，或者将注册商标或者假冒的注册商标用于广告宣传、展览以及其他商业活动等行为。

第九条 刑法第二百一十四条规定的"销售金额"，是指销售假冒注册商标的商品后所得和应得的全部违法收入。

具有下列情形之一的，应当认定为属于刑法第二百一十四条规定的

"明知":

（一）知道自己销售的商品上的注册商标被涂改、调换或者覆盖的；

（二）因销售假冒注册商标的商品受到过行政处罚或者承担过民事责任、又销售同一种假冒注册商标的商品的；

（三）伪造、涂改商标注册人授权文件或者知道该文件被伪造、涂改的；

（四）其他知道或者应当知道是假冒注册商标的商品的情形。

3.最高人民法院、最高人民检察院《关于办理非法生产、销售烟草专卖品等刑事案件具体应用法律若干问题的解释》

第一条　生产、销售伪劣卷烟、雪茄烟等烟草专卖品，销售金额在五万元以上的，依照刑法第一百四十条的规定，以生产、销售伪劣产品罪定罪处罚。

未经卷烟、雪茄烟等烟草专卖品注册商标所有人许可，在卷烟、雪茄烟等烟草专卖品上使用与其注册商标相同的商标，情节严重的，依照刑法第二百一十三条的规定，以假冒注册商标罪定罪处罚。

销售明知是假冒他人注册商标的卷烟、雪茄烟等烟草专卖品，销售金额较大的，依照刑法第二百一十四条的规定，以销售假冒注册商标的商品罪定罪处罚。

伪造、擅自制造他人卷烟、雪茄烟注册商标标识或者销售伪造、擅自制造的卷烟、雪茄烟注册商标标识，情节严重的，依照刑法第二百一十五条的规定，以非法制造、销售非法制造的注册商标标识罪定罪处罚。

违反国家烟草专卖管理法律法规，未经烟草专卖行政主管部门许可，无烟草专卖生产企业许可证、烟草专卖批发企业许可证、特种烟草专卖经营企业许可证、烟草专卖零售许可证等许可证明，非法经营烟草专卖品，情节严重的，依照刑法第二百二十五条的规定，以非法经营罪定罪处罚。

4.最高人民法院、最高人民检察院、公安部《关于依法严惩"地沟油"犯罪活动的通知》

（四）虽无法查明"食用油"是否系利用"地沟油"生产、加工，但犯罪嫌疑人、被告人明知该"食用油"来源可疑而予以销售的，应分别情形处理：经鉴定，检出有毒、有害成分的，依照刑法第144条销售有毒、有害食品罪的规定追究刑事责任；属于不符合安全标准的食品的，依照刑法第143条销售不符合安全标准的食品罪追究刑事责任；属于以假充真、以次充好、以不合格产品冒充合格产品或者假冒注册商标，构成犯罪的，依照刑法第140条销售伪劣产品罪或者第213条假冒注册商标罪、第214条销售假冒注册商标的商品罪追究刑事责任。

5.最高人民法院、最高人民检察院、公安部《关于办理侵犯知识产权刑事案件适用法律若干问题的意见》

八、关于销售假冒注册商标的商品犯罪案件中尚未销售或者部分销售情形的定罪量刑问题

销售明知是假冒注册商标的商品，具有下列情形之一的，依照刑法第二百一十四条的规定，以销售假冒注册商标的商品罪（未遂）定罪处罚：

（一）假冒注册商标的商品尚未销售，货值金额在十五万元以上的；

（二）假冒注册商标的商品部分销售，已销售金额不满五万元，但与尚未销售的假冒注册商标的商品的货值金额合计在十五万元以上的。

假冒注册商标的商品尚未销售，货值金额分别达到十五万元以上不满二十五万元、二十五万元以上的，分别依照刑法第二百一十四条规定的各法定刑幅度定罪处罚。

销售金额和未销售货值金额分别达到不同的法定刑幅或者均达到同一法定刑幅度的，在处罚较重的法定刑或者同一法定刑幅度内酌情从重处罚。

（二）罪状阐述

随着市场经济的蓬勃发展，具有商品来源标识功能、企业特征性凸显功能的商标有着越来越重要的作用。商标权人通过商标使用累积商誉、扩大影响力、创造财富，消费者则通过商标标识了解品牌特性，认牌购物。对商标权等知识产权的刑事保护既是对商标权人财产权利的保护，也是对公平有序市场竞争秩序的保护。纵观商标权的刑事司法状况，存在如下境况：第一，侵犯商标权犯罪仍在部分行业存在，且侵犯商标权的犯罪行为逐渐呈现组织化、复杂化、网络化的特点；第二，商标权犯罪的边界仍然模糊，以假冒注册商标犯罪为例，假冒注册商标民事侵权行为和假冒注册商标犯罪是何种关系仍未明确，行政执法与刑事制裁的衔接标准并不明晰；第三，对于侵犯商标犯罪的打击存在时紧时松的问题，在出现民众热切关注、影响广泛的案件时可能对相关案件予以打击，受刑事政策的影响较大；第四，网络在商标领域渗透，使得网络空间中的商标保护也成为亟待解决的社会问题，网络空间中传统商标的属性、功能和特征都发生了延展和异化，如何惩治网络虚拟空间中的假冒注册商标行为，尚未有明确的答案。《刑法》在第二百一十三条规定了假冒注册商标罪，第二百一十四条规定了销售假冒注册商标的商品罪。根据《刑法》第二百一十三条的规定，认定假冒注册商标相关犯罪的两个重要条件分别是"同一种商品、服务"和"使用相同商标"。"同一种商品、服务"指名称相同以及名称不同但指同一事物的商品、服务。"使用"指将注册商标或者假冒的注册商标用于商品、商品包装或者容器以及产品说明书、商品交易文书，或者将注册商标或者假冒的注册商标用于商品、服务的广告宣传、展览以及其他商业活动等行为。"相同商标"包括"完全相同"商标和"基本相同"商标。其中，"完全相同"比较好理解，而"基本相同"却难以把握，最高人民法院、最高人民检察院、公安部《关于办理侵犯知识产权刑事案件适用法律若干问题的意见》第六条规定，"在视觉上基本无差别、足以对公众产生误导"的商标属于"基本相同"商标。根据这个规定，认定"基本相同"商标的前提是"视觉上基本无差别"。但最高人民法院、最高人民检察院2020年公布的《关于办理侵犯知识产权刑事案件具体应用法律若干问题的解释（三）》第一条又以"基本无差别"替代了"视觉上基本无差别"的表述。

关于"基本相同"商标（即"基本无差别或视觉上基本无差别"）的认定，一般认为，2020年《关于办理侵犯知识产权刑事案件具体应用法律若干问题的解释（三）》公布之前的"视觉上基本无差别"商标是指假冒商标与注册商标相比，在商标整体、细节上存在细微差别，但从视觉上不易发现其中的差异。①具体而言，根据一些学者的观点，在实务中，一般从定性与定量两个层面予以把握，更具有可操作性。其中，定性相当于"有与无""是与否"的判断；定量相当于"多与少""重与轻"的程度判断。在定性层面上，"视觉上基本无差别"肯定了差别的存在，即"有差别"；在定量层面上，"视觉上基本无差别"指出了差别的程度，即"基本无"。②不过从文字表述来看，2020年的这一改动，"基本无差别"与"视觉上基本无差别"的区别仅在于删除了"视觉上"这一限定条件。若遵循立法原意，最高人民法院发布的《〈关于办理侵犯知识产权刑事案件具体应用法律若干问题的解释（三）〉的理解与适用》中的相关条款："鉴于《商标法》规定了声音商标，因此2020年《刑事解释（三）》删除了'视觉上'这一限定条件。"③可见，删除"视觉上"并不是赋予"基本无差别"新的内涵，一般仍可以按照原先的判断方法来确定是否为"（视觉上）基本无差别"。之所以有此修改，一般认为是在立法修改前，理论研究和司法实践对"视觉上基本无差别"商标的界定，不会忽视"视觉性"，因而会认为"视觉上基本无差别"包含了"视觉上有差别"，但是实质上

---

① 参见刘宪权、吴允锋：《侵犯知识产权犯罪理论与实务》，北京大学出版社2007年版，第225页。

② 贺晨霞：《论假冒注册商标罪中"基本无差别"商标的认定》，《知识产权》2022年第2期。

③ 林广海、许常海：《〈关于办理侵犯知识产权刑事案件具体应用法律若干问题的解释（三）〉的理解与适用》，《人民司法》2020年第34期。

二者都属于"基本无差别"。例如，商标字体大小以及字间距的变化，从严格意义上来说，是"视觉上有差别"商标。但在《关于办理侵犯知识产权刑事案件具体应用法律若干问题的解释（三）》公布之前，此类商标属于"视觉上基本无差别"商标的范畴。可见，理论或实务原先的做法，都弱化了"视觉上"的限定条件，使"视觉上"稍有不同的情形也被纳入"视觉上基本无差别"的范畴，这是对"视觉上基本无差别"进行扩大解释以满足司法实践的客观需要。也就是说，原来认定的"视觉上基本无差别"的范围较大，包含了"视觉上有差别"，但实质上二者均属于"基本无差别"。这也意味着立法修改前，"视觉上基本无差别"的表述并不准确。

一般认为，"基本无差别"在定性上应当区分于"有差别"，而在定量上，强调差别程度上的轻微，从而区别于近似商标。基本相同商标差别"基本无"的程度显然大于近似商标。例如，与注册商标"娃哈哈"形近、音似的"哇哈哈"，与注册商标"奥利奥"形近、音似的"澳利澳"等都是近似商标。近似商标与注册商标在形和音上存在较大差异，消费者可以轻易识别，达不到基本相同商标所强调的差别程度上的"基本无"。应当说，"基本无差别"商标第一个特征是与注册商标具有相似性。从逻辑关系来看，"基本无差别"商标被包含在近似商标中，当一个商标构成"基本无差别"商标，当然也是近似商标；当一个商标是近似商标，却不一定构成"基本无差别"商标。近似商标虽然相似，但近似商标实际上与注册商标本身还是存在较大程度差异，经过一般辨认，尽到普通注意义务，消费者就可以发现区别。[①]"基本无差别"商标的相似性与近似商标中的相似性并不等同，"基本无差别"商标相似性的程度远远高于近似商标。

在司法实践中，假冒注册商标罪"基本无差别"商标认定存在两个问题：一是将"基本有差别"不当认定为"基本无差别"，二是将"基本无差别"不当认定为"基本有差别"。显而易见，两个商标之间显著部分相同（重要的局部部分相同）；或者是将民事上的近似商标不当地认定为刑

---

① 赵瑞罡、邓宇琼：《侵犯知识产权犯罪司法适用》，法律出版社 2006 年版，第 15 页。

事上的"基本相同"商标，例如用"mistuo"商标来假冒"mitsuo"商标，这二者本质上应当属于近似商标，将注册商标中的英文字母"t"与"s"的位置对准，导致二者形和音发生了改变，据此应否定二者的同一性。[①]这里的主要问题在于参照对象不统一、未合理区分判断主体与判断基准。"基本无差别"的判断还存在判断主体的分歧，除了传统的由司法机关判断外，有观点认为应当采用由相关公众调查判断模式，即以消费者的判断为准，站在消费者的立场上，以普通消费者的一般注意力判断[②]。也有观点提出，应当采用由司法机关与公众混合判断的模式。[③]

认定"基本无差别"的方法有许多种，包括整体观察方法、对比观察方法、隔离观察方法和显著部分观察方法等。[④]其中的隔离观察方法是将商标置于不同的时空下观察，以一般公众对商标形成的记忆或印象判断假冒商标与注册商标是否"基本无差别"。该方法存在的问题是，即使二者存在差别，但消费者基于大体的记忆或印象，也容易忽略二者的差异，进而得出"基本无差别"的结论，因此隔离观察方法一般适合运用到商标民事侵权案件中，用以认定近似商标，但不宜运用到商标刑事案件中。对比观察方法是将注册商标与假冒商标置于同一时空下观察。该方法类似于拿着"放大镜"去寻找差异，此时，只要二者存在细微差别，就能被辨识，进而得出二者是否属于"基本无差别"商标的结论。对于组合商标，比对时应结合整体观察方法与显著部分观察方法。此外，组合商标不同局部图形或文字的大小对公众整体视觉效果的冲击力也不同，应综合判断。

在司法实践中，"基本无差别"的认定易受民事商标侵权混淆理论的影响。混淆理论是民事案件中判断商标是否侵权的主要标准，而非刑事案件中判断商标是否"基本无差别"的标准。即使导致相关公众发生混淆的商标，可能在视觉效果上存在明显不同，如"南孚"商标与"南浮"商标

---

① 贺晨霞：《论假冒注册商标罪中"基本无差别"商标的认定》，《知识产权》2022年第2期。

② 赵永红：《知识产权犯罪研究》，中国法制出版社2004年版，第138—139页。

③ 涂龙科：《假冒注册商标罪的司法疑难与理论解答》，《政治与法律》2014年第10期。

④ 参见柏浪涛：《侵犯知识产权罪研究》，知识产权出版社2011年版，第13—14页；皮勇主编：《侵犯知识产权罪案疑难问题研究》，武汉大学出版社2011年版，第341—342页。

从视觉效果上看不构成近似商标，但是消费者很有可能误认为二者源于同一出处，这属于出处混淆的情形。又如，有一种香水商标为"摄氏"，行为人制造了"华氏"牌的香水，"摄氏"与"华氏"这两个商标本身不近似，但一般公众可能会对二者间存在某种特殊关系发生混淆，这被德国商标法称为联想性混淆。[1]再如，"开心大药房"与注册商标"开心人大药房"相比，前者比后者少了一个"人"字，二者视觉上存在显著差别，虽然构成商标侵权，但二者显然不构成"基本无差别"商标。[2]不仅如此，司法实践中由于"基本无差别"的认定具有模糊性与主观性，当"基本无差别"的认定产生争议时，还会容易出现以"足以对公众产生误导"替代"基本无差别"的现象。

此外，在生产、销售伪劣产品罪中，又有假冒注册商标行为的，只能从一重罪论处，不实行数罪并罚。假冒商标又销售带有该假冒商标的商品的，属于吸收犯，只按销售假冒注册商标的商品罪定罪处罚；但如果明知是他人的假冒注册商标的商品而销售，则应数罪并罚。

对于销售上述假冒注册商标的商品之行为，《刑法修正案（十一）》首次修改构成销售假冒注册商标的商品罪的要件，采取数额与情节并行择一的立法体例。2023年1月18日，《关于办理侵犯知识产权刑事案件适用法律若干问题的解释（征求意见稿）》发布，其中第四条围绕销售假冒注册商标的商品罪的情节认定问题作了细化尝试。但目前立法规定的"严重情节"范围仍然没有周延，导致司法适用过程中认定模糊、裁判各异的问题一直存在。需要注意，销售假冒注册商标的商品罪中，"严重情节"是客观的构成要件要素，不是主观的构成要件要素或者主客观结合的构成要件要素。行为人的主观故意或犯罪目的是主观构成要件要素，已经在本罪要求的"明知"要件中得以体现并评价完毕。而"严重情节"是行为不法或结果不法的程度体现，是对罪量的要求，是法益侵害的客观情节严重，

---

[1] 参见彭学龙：《商标混淆类型分析与我国商标侵权制度的完善》，《法学杂志》2008年第5期。

[2] 参见姚鹤徽：《论商标侵权判定的混淆标准——对我国〈商标法〉第57条第2项的解释》，载《法学家》2015年第6期；江西省高级人民法院（2009）赣民三终字第46号民事判决书。

虽然在认定时难以通过某一方面单独评价，但评价的标准，如行为、结果、手段等要素仍然囊括在客观构成要件的框架内。

最后，对于该罪数额的认定（特别是存在网络刷单相关的情形），可以借鉴2017年3月最高人民法院发布的第16批指导性案例中的87号指导案例"郭明升、郭明锋、孙淑标假冒注册商标案"。该案的裁判要旨在于，假冒注册商标犯罪的非法经营数额、违法所得数额，应当综合被告人供述、证人证言、被害人陈述、网络销售电子数据、被告人银行账户往来记录、送货单、快递公司电脑系统记录、被告人所作记账等证据认定。被告人辩解称网络销售记录存在刷信誉的不真实交易，但无证据证实的，对其辩解不予采纳。87号指导案例的裁判要旨已经表明，如果网络假冒注册商标犯罪中存在"刷单"情形（须有证据证明），在认定犯罪数额时，"刷单"部分的销售数额应当扣除。事实上，国家发展改革委等八部委2016年11月11日联合发布的《关于对电子商务及分享经济领域炒信行为相关失信主体实施联合惩戒的行动计划》中明确指出："'炒信'是指在电子商务及分享经济领域以虚构交易、好评、删除不利评价等形式为自己或他人提升信用水平，包括但不限于因恶意注册、刷单炒信、虚假评价、刷单骗补以及泄露倒卖个人信息、合谋寄递空包裹等违法违规行为。"可以看出，87号指导案例所称的"刷信誉"或"刷单"并非真实交易，其不存在真实的商品交换与销售行为；即使"刷单"所增加的信用度在一定程度上助推了网络售假行为，但考虑到"刷单"的虚假交易并未直接侵害到假冒注册商标罪所保护的法益，因此，"刷单"的虚假交易部分所对应的销售数额不应当被计入假冒注册商标犯罪的非法经营数额或违法所得数额之中。

对此，企业合规行动可采取以下措施：（1）建立健全商标管理制度，包括商标注册、使用、维护等方面的规定，规定公司商标的使用范围和权限，明确商标的保护措施和维护措施，如商标的申请、变更和更新程序，商标的监测和维权等方面的规定，以确保商标的合法性和防止商标被盗用或侵权，同时也确保自己的商标没有侵犯他人合法权益。（2）建立商标使用的内部审批机制，定期对商标使用和商品销售等业务进行内部审计，发现并纠正假冒注册商标的行为。对于商标使用和商品销售等业务进行审批和监控，审批内容包括商品名称、商标使用是否合法，商品质量是否符合标准等，避免出现假冒注册商标的商品销售等行为。例如，企业可以规定必须经过多级审批程序才能上架销售，对商标使用和商品销售等业务情况进行严格审查，确保商标和商品的合法性。只有经过审批的商品才能上架销售，以确保商品的合法性和质量的合规性。（3）加强供应链管理，对供应商进行严格管理，明确要求供应商提供合法、真实的商标授权文件和商品质量证明文件。企业应在供应商合作协议中明确要求供应商不得提供假冒注册商标的商品，否则将终止合作关系，并要求供应商承担相应的赔偿责任。例如，企业可以委托第三方机构对企业的商标使用和商品销售等业务情况进行审计，评估企业的合规性和风险程度，并提供改进建议。

（三）典型案例

案例一：在孙某假冒注册商标案①中，被告人孙某先后从南京 FL 珠宝有限公司、深圳 YH 珠宝有限公司、深圳玉器批发市场等处先后购进无品牌的黄金、钻石、彩金及银玉器饰品，并在当地委托他人在所购饰品上打出"寶慶""千足金"等字样的钢印，又从南京市 AQ 工艺首饰包装公司订购了带有"宝庆银楼"及二龙戏珠图案的注册商标的包装盒、包装袋、吊牌等物品。后被告人孙某在自己家中将从南京、深圳等地购进的黄金等饰品分类、称重，用电脑将产品重量、品名等信息打印到从南京订购的吊牌上，再将吊牌挂到相关饰品上，包装好后运至淮安商场珠宝柜台进行销售，即在没有取得宝庆公司授权许可的情况下，生产假冒宝庆公司"寶慶""寶慶银楼"、宝庆二龙戏珠图案注册商标的饰品。

一审法院认为，被告人孙某未经注册商标所有人许可，在同一种商品上使用与其注册商标相同的商标，其行为构成假冒注册商标罪。但二审法院对于孙某是否构罪的关键应在于孙某行为时的主观心理状态是否符合刑

---

① 江苏省高级人民法院（2014）苏知刑终字第 00010 号刑事判决书。

法所要求的犯罪主观要件存疑，认为孙某使用宝庆公司的商标具备一定的合同基础。徐某甲与宝庆公司在2002年、2007年签订过《品牌使用协议》及《补充协议》，约定宝庆公司授权徐某甲在淮安市范围内独家使用"宝庆银楼"品牌和设立加盟店，徐某甲可以将"宝庆银楼"品牌使用于由其投资设立的或参与投资设立的企业名称中，可以在其经营活动中合法使用"宝庆银楼"作为企业名称的缩写或简称。此后，孙某与徐某甲于2011年签订了《协议书》，徐某甲作为"宝庆银楼"品牌在淮安地区销售的唯一代理人，授权孙某在淮安商场珠宝专柜销售使用"宝庆银楼"品牌并约定孙某应当向徐某甲缴纳品牌使用费。后孙某按照该协议的约定向徐某甲缴纳了品牌使用费并在淮安设立珠宝专柜，故可以认定孙某使用宝庆公司的商标具备相应合同基础，其主观上希望通过加盟行为获得使用宝庆品牌的相应资格。

法院认为现有证据尚不足以证明孙某具备假冒他人注册商标的主观故意。孙某主观上一直希望能成为宝庆公司的加盟商，由于徐某甲是淮安地区宝庆品牌的独占被许可人，即宝庆公司自身也不能在淮安地区经营宝庆品牌，故孙某才与徐某甲签订了使用"宝庆银楼"品牌的授权协议书。从协议履行的客观情况看，孙某向徐某甲、吴某支付了品牌使用费，同时，孙某与徐某甲签订的《协议书》约定"孙某每月必须到南京宝庆银楼总部进黄金饰品，进货量不得少于一公斤"，除此之外，对于孙某并无其他义务约定，而孙某确已按约到宝庆公司总部购进一定数量的黄金饰品，履行了合同义务。从协议履行的主观表现上看，孙某也是持积极履行协议的态度，多次催促吴某至宝庆公司办理授权备案手续。因此，尽管孙某知道其与徐某甲的协议并未获得宝庆公司的授权，其也只能以徐某甲其他三个加盟店的名义去宝庆公司总部进货，即孙某应当知道其加盟店还未被宝庆公司批准，但由于吴某承诺替孙某办理授权手续且同意孙某经营，孙某本人也多次催促吴某至宝庆公司办理授权备案手续，故不能认定孙某明知其未获得宝庆公司的允许却仍然继续经营，不能认定其具有假冒涉案商标的主观故意。

法院认为孙某私自在外购货物上贴附商标有其相应的内、外部背景。第一，宝庆公司称孙某进货的深圳YH公司与南京FL公司均不是宝庆公司的指定供货商，但只有一位工作人员的陈述，并没有其他证据，且宝庆公司同时以商业秘密为由拒绝透露其指定供货商名单，故在宝庆公司未提供其指定供货商名单的情形下，认定孙某明知深圳YH公司与南京FL公司不是宝庆公司的指定供货商却仍然私自进货的证据不足。第二，宝庆公司要求加盟店的配送货品均由配送公司统一检测、统一贴标，并收取一定比例的管理费，而徐某甲称宝庆公司统一检测并贴标的费用太高，故行业内均采取私自在外购买宝庆公司的商标并将该商标贴附在珠宝饰品等上的做法，孙某也采取了这样的模式。因此，现有证据可以证明孙某私自在外购货物上贴附商标的行为与徐某甲等人的经营模式相似，目的是规避检测、不交管理费，但不能充分证明孙某是出于假冒他人注册商标的目的而为之，并积极追求或希望此种危害结果的发生。第三，根据《宝庆银楼货品配送细则补充规定》等相关规定，宝庆公司也允许经销商从外进货，经销商仅需提供供货方出具的商品检测合格报告，经宝庆公司的配送公司审定并收取管理费后统一配发商品标签即可。同时，宝庆公司亦明知徐某甲、吴某长期自己组织货源并自行贴附商标等不规范经营行为，却一直未采取有效制止措施。第四，本案一审审理中，孙某的辩护人提供了南京ZG黄金珠宝有限公司及深圳市JJF珠宝有限公司提供的《情况说明》，该两份说明均记载孙某在实际经营这两个公司品牌中，除了可以到公司进货之外，还可以自己在正规黄金珠宝生产厂家采购货品，并自行贴上公司品牌对外进行销售。尽管两份《情况说明》均仅盖有公司公章，没有负责人员签字，但至少可以证明在行业中可能存在加盟商自行进货并贴附商标的情形。该种情形与公诉机关提供的证人刘某、杨某、马某的证言所反映的情形并不一致，可以看出行业内对于加盟商可否自行进货并贴附商标的认识不统一，做法也不一致。

综上，鉴于孙某使用涉案商标具备一定合同依据，已有证据亦无法证明孙某具备假冒他人注册商标的主观故意，同时结合孙某私自在外购货物上贴附商标的行为是按照授权人徐某甲的模式经营以及宝庆公司明知徐某甲的行为却没有及时积极制止等事实和因素，法院认为，孙某在同一种商品上使用与宝庆公司注册商标相同商标的行为至多属于其与宝庆公司之间关于商标侵权的民事争议，本案现有证据难以认定孙某已经达到刑法所要求的构成假冒注册商标罪所应达到的主观故意标准，认定孙某构成假冒注册商标罪的证据不足，故应当认定孙某无罪。最终二审改判孙某无罪。

案例二：在李某、黄某、祁某乙假冒注册商标案①中，被告人李某在未取得杭州 SX 种苗有限公司授权的情况下，与白某某（另案处理）商量后修改杭州 SX 种苗有限公司注册商标"mistuo"为"mitsuo"，并生产 10 万只标注了修改后商标的"绿雄 90"西兰花种子外包装袋。2013 年 6 月至 7 月，李某伙同被告人黄某、祁某乙在黄某家，使用标注了修改后商标的"绿雄 90"西兰花种子外包装袋，将 5000 余包青梗菜种子包装成"绿雄 90"西兰花种子，并将 1000 余包"青秀""寒秀"等品牌的西兰花种子重新包装成"绿雄 90"西兰花种子。后李某将改包装后的 1000 余包种子以"绿雄 90"西兰花种子出售，违法所得人民币 18 万余元。

法院认为，认定假冒注册商标犯罪中的"相同商标"，应以二者是否"在视觉上基本无差别，足以对公众或广大消费者产生误导"为标准，侵权商标与注册商标在视觉上基本无差别，足以对社会公众或消费者产生误导的，即可视为相同的商标。本案中侵权商标与注册商标仅在圆形图案中三个椭圆形小圈的颜色上下分布不同，以及侵权商标英文字母为"mitsuo"，注册商标为"mistuo"，被告人李某的有罪供述、证人叶某的证言均能证实两个商标"基本差不多，很难分辨"，且有注册商标情况及真假青花菜种子外包装的对比照能够进一步相印证，被告人李某、黄某、祁某乙假冒的注册商标"mitsuo"种子足以使一般消费者对商品来源产生误认，符合假冒注册商标罪中在同一种商品上使用与其注册商标相同的商标这一构成要件，侵犯了注册商标所有权人的注册商标专用权。

---

① 浙江省三门县人民法院（2014）台三刑初字第 99 号刑事判决书。

最终法院认定被告人李某系假冒注册商标犯罪主犯，应按照其所参与的全部犯罪处罚。被告人黄某、祁某乙在假冒注册商标共同犯罪中起辅助作用，系从犯，依法予以减轻处罚。

六、合同诈骗罪

（一）相关的规范性文件

1.《中华人民共和国刑法》

第二百二十四条　有下列情形之一，以非法占有为目的，在签订、履行合同过程中，骗取对方当事人财物，数额较大的，处三年以下有期徒刑或者拘役，并处或者单处罚金；数额巨大或者有其他严重情节的，处三年以上十年以下有期徒刑，并处罚金；数额特别巨大或者有其他特别严重情节的，处十年以上有期徒刑或者无期徒刑，并处罚金或者没收财产：

（一）以虚构的单位或者冒用他人名义签订合同的；

（二）以伪造、变造、作废的票据或者其他虚假的产权证明作担保的；

（三）没有实际履行能力，以先履行小额合同或者部分履行合同的方法，诱骗对方当事人继续签订和履行合同的；

（四）收受对方当事人给付的货物、货款、预付款或者担保财产后逃匿的；

（五）以其他方法骗取对方当事人财物的。

2.最高人民法院《关于常见犯罪的量刑指导意见（二）（试行）》

1.构成合同诈骗罪的，可以根据下列不同情形在相应的幅度内确定量刑起点：

（1）达到数额较大起点的，可以在一年以下有期徒刑、拘役幅度内确定量刑起点。

（2）达到数额巨大起点或者有其他严重情节的，可以在三年至四年有期徒刑幅度内确定量刑起点。

（3）达到数额特别巨大起点或者有其他特别严重情节的，可以在十年至十二年有期徒刑幅度内确定量刑起点。依法应当判处无期徒刑的除外。

3.最高人民法院《全国法院审理金融犯罪案件工作座谈会纪要》

（三）关于金融诈骗罪

……

2.贷款诈骗罪的认定和处理。贷款诈骗犯罪是案发较多的金融诈骗犯罪之一。审理贷款诈骗犯罪案件，应当注意以下两个问题：

一是单位不能构成贷款诈骗罪。根据刑法第三十条和第一百九十三条的规定，单位不构成贷款诈骗罪。对于单位实施的贷款诈骗行为，不能以贷款诈骗罪定罪处罚，也不能以贷款诈骗罪追究直接负责的主管人员和其他直接责任人员的刑事责任。但是，在司法实践中，对于单位十分明显地以非法占有为目的，利用签订、履行借款合同诈骗银行或其他金融机构贷款，符合刑法第二百二十四条规定的合同诈骗罪构成要件的，应当以合同诈骗罪定罪处罚。

二是要严格区分贷款诈骗与贷款纠纷的界限。对于合法取得贷款后，没有按规定的用途使用贷款，到期没有归还贷款的，不能以贷款诈骗罪定罪处罚；对于确有证据证明行为人不具有非法占有的目的，因不具备贷款的条件而采取了欺骗手段获取贷款，案发时有能力履行还贷义务，或者案发时不能归还贷款是因为意志以外的原因，如因经营不善、被骗、市场风险等，不应以贷款诈骗罪定罪处罚。

4.最高人民法院、最高人民检察院《关于常见犯罪的量刑指导意见》（试行）

（六）合同诈骗罪

1.构成合同诈骗罪的，根据下列情形在相应的幅度内确定量刑起点：

（1）达到数额较大起点的，在一年以下有期徒刑、拘役幅度内确定量刑起点。

（2）达到数额巨大起点或者有其他严重情节的，在三年至四年有期徒刑幅度内确定量刑起点。

（3）达到数额特别巨大起点或者有其他特别严重情节的，在十年至十二年有期徒刑幅度内确定量刑起点。依法应当判处无期徒刑的除外。

2.在量刑起点的基础上，根据合同诈骗数额等其他影响犯罪构成的犯罪事实增加刑罚量，确定基准刑。

3.构成合同诈骗罪的，根据诈骗手段、犯罪数额、损失数额、危害后果等犯罪情节，综合考虑被告人缴纳罚金的能力，决定罚金数额。

4.构成合同诈骗罪的，综合考虑诈骗手段、犯罪数额、危害后果、退赃退赔等犯罪事实、量刑情节，以及被告人主观恶性、人身危险性、认罪悔罪表现等因素，决定缓刑的适用。

5.最高人民检察院、公安部《关于公安机关管辖的刑事案件立案追诉标准的规定（二）》

第六十九条 〔合同诈骗案（刑法第二百二十四条）〕以非法占有为目的，在签订、履行合同过程中，骗取对方当事人财物，数额在二万元以上的，应予立案追诉。

（二）罪状阐述

合同作为市场交易中明确权利义务的载体，在推动市场经济与商业活动高质量发展的同时，也容易被一些人恶意利用合同实施诈骗行为，这不仅会侵蚀市场经济活动赖以生存、运行的物质基础，危害市场主体的正常生产经营活动及其利益，还破坏了市场经济的运行规则和秩序，败坏社会环境和社会风尚，严重挫败市场主体利用合同这一有效手段参与市场经济活动的积极性，因而我国刑法在设置有诈骗罪之外，还单独设置了合同诈骗罪，以打击此类行为。《刑法》第二百二十四条所规定的合同诈骗罪要求行为人以非法占有为目的，在签订、履行合同的过程中，骗取对方财物且至少达到"数额较大"的程度。从立法渊源看，1997年刑法修正时，立法机关考虑到合同诈骗的特殊性和复杂性，将利用合同实施的诈骗行为从诈骗罪中剥离出来，单列为合同诈骗罪。就此，"合同"是合同诈骗罪不可或缺的客观构成要件要素，缺少"合同"这个基本构成要素的诈骗行为不构成合同诈骗罪。同时，根据刑法罪名体例，合同诈骗罪位于扰乱市场秩序类犯罪章节中，故构成合同诈骗罪的行为不仅侵犯了他人的财产权，还侵犯了社会主义市场经济秩序[①]，即合同诈骗罪中的"合同"约定的内容必须受市场秩序所调整，不受市场秩序调整或者主要不受市场秩序调整的"合同"，如不具有交易性质的赠与合同，婚姻、监护、收养、扶养等有关身份关系的协议，以及主要受劳动法、行政法调整的劳务合同、行政合同等，不属于合同诈骗罪中的"合同"。然而，在司法实践中实务人员对于行为人利用某些特定类型的合同，如征地拆迁补偿合同、个人借款合同等实施诈骗行为的，应当认定为合同诈骗罪还是诈骗罪，存在较大分

[①] 当然，受制于合同诈骗罪自1997年从诈骗罪中分离出来这一立法背景，实践和理论中仍往往侧重合同诈骗罪的财产侵犯属性，而忽视其对秩序法益的侵害。

歧，裁判结果混乱①。若要符合"利用合同实施诈骗"的条件还要求该"合同"在诈骗中起关键作用。如果合同仅仅是一个幌子，那应当认定为诈骗罪。此外，合同诈骗罪与诈骗罪还是特别法条与普通法条的法条竞合关系，故利用合同骗取他人财物，没有达到合同诈骗罪数额较大（2万元以上）的标准但达到诈骗罪数额较大标准（3000元以上）的，应认定为诈骗罪。

关于合同诈骗罪侵害的法益。如上文所述，因为合同诈骗罪位于扰乱市场秩序类犯罪章节，因而秩序法益在合同诈骗罪中是一个不容忽视的客观存在，其在合同诈骗罪与诈骗罪的界分中具有独立的功能性地位，不仅指导合同诈骗罪中定罪起点的设置，而且也能为"按照特别法条不能成立犯罪的情形，能否以一般法条定罪"的问题提供解决思路。但问题在于，目前司法实践对该法益的把握有所欠缺，只把握到了对"合同"的形式层面要求（行为手段上的特殊性即利用合同实施了欺骗行为），而没有把握侵害秩序法益的实质内涵，也没有将秩序法益的保护要求融入到合同诈骗罪的具体构成要件要素之中。当然，也有观点认为，在界定经济犯罪或者经济刑法的保护法益时，从被害人视角出发，将保护"社会主义市场经济秩序"这一法益的要求具体为"市场平等主体的经济自由"，这也是颇有道理的。因为从刑法与行政法、民法等前置法的关系来看，刑法的保护范围虽然会与后者存在交叉，但刑事不法与行政不法、民事不法之间的区别并不仅仅在于"危害程度的量"上，也会在"不法行为的质"上存在差异。②刑法的目的在于保护与个人密切相关的利益，即使是在形式上保护秩序、社会利益或者国家利益等，也是旨在通过此来保护其背后的个人权益或者自由。③

关于合同诈骗罪与民事领域的合同欺诈之间的区分。合同诈骗犯罪与

① 刘健：《法益路径下合同诈骗罪中"合同"范围——与涉合同的诈骗罪之区分为视角》，《华侨大学学报（哲学社会科学版）》2021年第6期。

② 张晓媛：《秩序法益对合同诈骗罪的限定功能》，《东北大学学报（社会科学版）》2022年第4期。

③ 孙国祥：《集体法益的刑法保护及其边界》，《法学研究》2018年第6期。

民事合同欺诈存在诸多的相似之处：行为人均利用合同实施欺诈行为；行为人均实施了虚构事实或隐瞒真相的行为；对方当事人均因被欺诈而陷入了错误认识。但与之不同的是，民事合同欺诈在故意的内容上并不要求行为人具有非法占有目的，相反，合同诈骗罪的主观方面必须是以"非法占有为目的"的直接故意，甚至存在不履行合同的故意，合同约定的内容只是欺骗的手段而已（民事欺诈的行为人不具备此种非法占有的目的，其目的是经营，行为人有履约的诚意和一定的履约能力）[①]。具体而言，在民事合同欺诈中，构成"欺诈"的条件是一方当事人明知自己告诉对方当事人的内容是虚假情况，或者故意隐瞒真实情况，诱使对方当事人做出错误意思表示，并且希望或放任这种结果的发生。显然，行为人在主观方面存在直接或间接故意，其主观目的是通过双方履约来间接牟取非法的财产利益。值得注意的是，民事合同欺诈行为人并无不履行合同的故意，只是行为人希望或放任合同在显失公平的情况下，谋取超乎合同正当利益的不当利益。事实上，民事合同欺诈行为的范围要大于合同诈骗犯罪。合同欺诈系以行为人利用合同所实施的欺诈行为为核心的概念，因此它既包括具有非法占有目的且数额达到刑事追诉标准的欺诈行为，即合同诈骗犯罪；也包括具有非法占有目的，但数额未达到追诉标准的合同诈骗行为；还包括不具有非法占有目的的欺诈行为。换言之，合同诈骗犯罪系满足特定条件的民事合同欺诈行为。正如有学者所指出的，合同欺诈完全包含了合同诈骗行为，两者是一种包容关系，合同诈骗只是民事欺诈中的特殊情形。[②]

而对于合同诈骗罪表现形式中的"收受对方当事人给付的货物、货款、预付款或者担保财产后逃匿的"，这种行为方式仅限于行为人在收受对方当事人给付的货物、货款、预付款或者担保财产之前或合同履行过程中便存在非法占有目的，而且对方之所以给付货物、货款、预付款或者担保财产，是行为人的诈骗行为所致。如果行为人收受对方当事人给付的货物、货款、预付款或者担保财产之后，才产生非法占有目的，且仅仅是逃

---

① 参见曲新久：《刑法学原理》，高等教育出版社2009年版，第325页。
② 张明楷：《刑法学》（第5版），法律出版社2016年版，第834页。

避，而没有采取虚构事实、隐瞒真相的手段使对方免除其债务的，属于单纯逃债的行为，不成立犯罪。当然，如果继续欺骗对方处分财产的，则对之后取得的财产成立合同诈骗罪。另外，如果行为人收受了对方并未转移所有权的财产后逃匿的，则成立侵占罪。

在判断非法占有目的的故意时，以下方面需要注意：（1）非法占有目的既可以存在于签订合同之时，也可以存在于履行合同的过程中。（2）产生非法占有目的后并未实施诈骗行为的，不能成立合同诈骗罪。（3）是否具有非法占有目的，首先要考察行为人是否采取了刑法所规定的欺骗手段，之后再综合考虑行为前、行为过程中以及行为后的各种情节。下列情形可以认定为具有非法占有目的：挥霍对方当事人交付的货物、货款、预付款、定金或者保证金，致使上述款物无法返还的；使用对方当事人的货物、货款、预付款或者定金、保证金进行违法犯罪活动的；合同签订后，以支付部分货款、开始履行合同为诱饵，骗取全部货物后，在合同规定的期限内或者双方约定的付款期限内，无正当理由拒不支付其余货款的；收到对方货款后，不按合同规定或双方约定组织货源，而是用于冒险投资的；等等。

实践中，行为人实施金融类诈骗行为，经常会采取特定经济合同的形式，例如，意图实施保险诈骗行为时通常订立的是保险合同，实施贷款诈骗行为则通常订立的是贷款合同。因此，这种情形往往存在竞合，原则上会适用特定的金融类诈骗犯罪条款来定罪，如保险诈骗罪、贷款诈骗罪等，但是在诈骗数额特别巨大，以合同诈骗罪处罚可能会更重的情况下，则可以适用合同诈骗罪。例如，《刑法》第一百九十八条的保险诈骗罪法定最高刑为10年以上有期徒刑，而合同诈骗罪法定最高刑为无期徒刑。但是，如果表面上进行金融诈骗，但没有侵犯金融秩序，则只能以合同诈骗罪论处，例如，骗取他人担保申请贷款，由于行为人无法偿付贷款时，银行并无财产损失，只有担保人的财产会遭到损失，因此只能以合同诈骗罪论处。当然，如果行为人提供虚假担保或者重复担保，骗取银行或者其他金融机构贷款的，则构成贷款诈骗罪。

合同诈骗罪相关的几种常见类型。第一种，以虚构的单位签订合同，一般表现为以根本不存在的单位名义与对方当事人签订合同；冒用他人名义签订合同，是指未经他人同意，冒用他人（包括其他单位）的名义与对方当事人签订合同。其中，既可以是自然人以虚构的单位与对方签订合同，也可以是单位冒用其他自然人名义与对方签订合同。这种行为具有明显的欺骗性，在通常情况下，足以说明行为人不打算履行合同义务。第二种，将"先履行小额合同或者部分履行合同"作为掩盖行为人没有实行履行能力、不打算履行合同的手段之情形，这种情况下，没有履行能力或者不打算履行合同却诱骗对方当事人继续签订和履行合同，是判断这一类型行为的关键。反过来说，如果行为人具有实际履行能力，也有履行合同的打算，就不成立合同诈骗罪。第三种，通过虚构担保实施合同诈骗。如果行为人客观上具有履行合同的能力，主观上具有履行合同的意愿，即使以伪造、变造、作废的票据或者其他虚假的产权证明作担保的，也不成立合同诈骗罪。但是，当行为人客观上没有履行合同的能力，而对方当事人要求行为人提供担保时，行为人以伪造、变造、作废的票据或者其他虚假的产权证明作担保的，则是合同诈骗行为。还有一些行为人为了骗取对方当事人的财物，主动以伪造、变造、作废的票据或者其他虚假的产权证明作担保的，也是合同诈骗行为。①另外，还需注意冒用他人蚂蚁花呗或其他借款软件的行为，这种情况下冒用行为触犯诈骗罪，也属于冒用他人名义签订合同，因而符合合同诈骗罪的成立条件，但由于被害人属于金融机构，行为人实际上骗取的是贷款，故应当以贷款诈骗罪追究刑事责任。

近几年在经济往来中出现了一种新的合同模式，即对赌协议②，随之

---

① 张明楷：《合同诈骗罪行为类型的边缘问题》，《东方法学》2020年第1期。

② 对赌协议是一个约定俗成的称呼，是投资方在与融资方达成股权性投融资协议时，为解决投融资双方对目标公司未来发展的不确定性、信息不对称及代理成本等问题，而设计的包含股权回购、金钱补偿等对未来目标公司的估值进行调整的协议或条款。在对赌协议签订、履行过程中，可能因估值过高或约定条件无法兑现而发生纠纷，其中，大量纠纷均应通过民事途径解决，因为"投资者也需要直面投资失败的风险承担"。参见刘燕：《"对赌协议"的裁判路径及政策选择——基于PE/VC与公司对赌场景的分析》，《法学研究》2020年第2期。

出现的是涉及对赌协议的合同诈骗。对赌协议和普通合同有所不同，作为一种估值调整机制，其签订根源是基于合同双方信息差而导致的确定公司估值的困境。这种协议一般出现于以创业公司为典型的高成长性企业的融资活动，注资时，投融双方对于企业价值的评估难以达成一致，只能先设定一个业绩目标。如果融资方在既定的期间内实现了这一目标，意味着企业价值在开始时被低估，该部分由投资方补偿融资方；反之，若融资方未能实现这一目标，企业价值在开始时被高估，融资方须补偿投资方。因此，对赌协议的实质在于将交易双方一开始不能达成一致的"不确定性事件"暂时搁置，对估值随时进行调整，留待该不确定性消失后双方再重新结算。这一特点决定了对赌协议的签订和履行均与典型合同存在差异。根据基本达成共识的民事裁判规则，如果融资方提供的目标公司的资料真实，或者投资者对信息的判断不准确，发生纠纷后只涉及民事责任的承担问题。估值时，融资方未提供虚假证明文件，即便事后有纠纷，其通常也无罪；对赌后融资方转移股权的，也不是在履行合同过程中的诈骗犯罪。[1]对于此类合同需要考虑的基本逻辑如下：首先，若融资方存在公司资料与数据不实的情况（一般主要为财务数据），要关注融资方资料不实是行为人主观上有意为之还是存在其他客观因素，这将关系到能否认定为民事合同欺诈，若是由于其他客观因素导致财务数据不实，将会偏离"非法占有目的"这一结论；其次，即便认定存在故意造假，还要关注融资方究竟有无履约能力，即盈利的能力，如果有一定履约能力且其后积极履约的，也难以认定其存在非法占有目的。再次，检验投资方有无遭受超出应支付金额的实际损失，毕竟作为财产类犯罪，如果投资方没有实际损失，一般应认为是"情节显著轻微"而考虑出罪。最后，还需注意的是，即便投资方有财产损失，还要同时顾及能否通过调解、仲裁或民事诉讼等途径获得相应救济，以及是否有合理抗辩的理由。同理，作为经济行为所衍生出的犯罪，如果行为人可以提出民事抗辩，对行为性质就必须进行更加审慎的判断。总之，不能随意动用刑事司法力量处理民事纠纷，如果双方的

---

[1] 周光权:《对赌协议场景下合同诈骗罪的界限》,《法学》2022年第10期。

纠纷及损失追偿可以通过民事诉讼解决，被害人能够通过执行程序挽回损失的，就不宜认定为合同诈骗罪。①

参与带有一定特殊性的对赌交易行为，必须接受该交易存在极大投资及投机风险的特定规则，此处就存在一个投资行为风险自担的问题。投资方如果在很大程度上认可交易价格，不管目标公司经第三方估值多少都接受时，其谈不上因"重要事项"被欺骗而陷入错误认识。如果融资方只是声称其目标公司将来会升值，提出一个价格并约定对赌条件，投资方立即接受的，难以认定融资方就基础事实或关键事实进行了欺骗。②如果融资方声称某种投资很安全，一定会获得价值回报，也是表达行为人的主观价值判断，不涉及可验证的客观事实（除非融资方提供了虚假的具有强说服力的证据）③，此时，融资方并不构成诈骗相关罪，投资方需要自我担责，否则就可能扩大处罚范围。如果融资方并没有实施欺骗行为，投资方经反复考察之后愿意投资并购的，双方先谈好大致价格框架，然后按该价格"依葫芦画瓢"做评估，无论后来的评估价格高低，即便该评估报告有虚假成分，融资方的行为也不是诈骗。因为一方面，投资方事先已愿意接受该总体价格的，就谈不上被后来出具的虚假报告欺骗；另一方面，估值调整机制具有特殊性，即投资方与融资方可以根据企业将来的经营情况调整投资条件，或由融资方给予投资方补偿。在司法实践中，当事人之间经过长期接触后对目标企业价值"心中有数"，融资方没有实施诈骗行为，投资方则认为有对赌关系，对企业未来并不担心，其甚至知道目标企业的某些无形价值难以评估，因此对所谓的目标企业评估价值虚高的实际情形能够接受，原因在于有估值调整设置"托底"，投资方极有可能以高价换取目标公司的部分股权，高溢价投资与补偿请求权构成了一个完整的、不可分割的民事法律行为。那么，在双方事前认可情形下的评估造假，投资方仅事后对此不认可的，定罪时需要特别慎重。投资方寄希望于目标公司的

---

① 参见周光权：《"刑民交叉"案件的判断逻辑》，《中国刑事法杂志》2020年第3期。

② 周光权：《对赌协议场景下合同诈骗罪的界限》，《法学》2022年第10期。

③ 参见王钢：《德国判例刑法（分则）》，北京大学出版社2016年版，第195页。

高速成长，以高溢价的方式向目标公司注资，如果事后证明过高估计了目标公司的投资价值，再向目标公司要求补偿时，由于对目标公司的高溢价投资和事后的补偿请求权紧密关联，评估有一定程度的虚假成分，后来投资方在对赌期内兑现利润和收益的，反而印证了之前的评估造假不属于关乎重要事项的欺骗。因此，有的案件融资方在其公司被上市公司收购时，恶意伪造公司业绩，虚增估值数十亿，但后来的经营没有给投资方造成损失，或通过另外的方式弥补投资方损失，可以认为融资方不构成合同诈骗罪。对此，可以解释为融资方的非法占有目的无法证实，缺乏主观的违法要素，诈骗行为不好认定；也可以解释为事后的事实表明融资方一开始所实施的造假行为，在涉及对赌协议的特殊案件中，因为有估值调整机制的存在，不属于针对重要事项的欺骗，不符合诈骗犯罪的构造。可以认为该造假并不涉及交易中的重要事项。①

为防范合同诈骗罪风险，企业首先需要制定严格的合同管理制度，包括合同签订、审批、履行、变更和解决纠纷等环节的管理规范。企业应该遵循公平、诚信、互利、合法的原则，确保合同内容真实、完整、准确，确保合同义务的履行和执行。同时，企业应该明确责任人和职责范围，建立完善的合同审核和审批制度，防止因为合同内容不清晰或者未履行合同义务而被认定为合同诈骗罪。例如，企业可以制定明确的合同管理流程，设置严格的合同审核程序，确保所有合同条款的合法性和有效性，并加强对合同执行的监督和管理，及时发现和解决合同执行中的问题，确保企业合法合规经营。其次，企业应确立诚信经营制度，包括企业的基本行为准则、工作程序、员工行为准则和考核制度等。这些制度应该确保企业的行为符合法律法规的要求和商业道德标准，以便预防合同诈骗罪的发生。例如，企业可以制定明确的销售政策和流程，包括合同签订、订单处理、发货、收款等环节的规范，规定合同必须真实有效，明确商品或服务的内容和价格，严禁任何虚假宣传或误导消费者的行为。最后，企业应强化业务流程监管，对业务流程中的每一个环节进行严格监管，防止漏洞和问题的

① 周光权：《对赌协议场景下合同诈骗罪的界限》，《法学》2022年第10期。

出现。在具体操作中，可以采用多层审批、复核等方式，建立责任制和奖惩制度，确保业务流程的合规性，保证业务流程的严格执行和管理。另外，合同诈骗罪的防范以企业信誉为重要导向，企业应该保持良好的信誉，积极维护企业形象和品牌形象，避免因为信誉问题而被认定为合同诈骗罪。企业应该树立公正、透明、诚信的经营理念，不断提升自身的服务质量和客户满意度，增强客户对企业的信任和依赖，在战略上积极履行社会责任，对环境、社会和利益相关方尽可能负责任，例如，企业可以关注环保问题，加强员工福利保障，支持社会公益事业等，这类行为可以有效提升企业信誉，还可以作为重要抗辩理由。

（三）典型案例

案例一：在苏某合同诈骗案[①]中，被告人苏某先代表北京D公司与B公司签订协议，拟一次性支付人民币2000万元收购B公司对M公司1300万元的债权及其利息，但该协议对收购对象虚假描述成"B公司已通过法律程序查封M公司在北京MY大厦中全部权益，D公司同意对B公司上述已查封权益进行收购"。而后，被告人苏某隐瞒与B公司所签协议的真实情况，又代表R公司和Q公司作为甲方，与乙方X公司、丙方H公司签订D公司股权转让协议及补充约定协议，约定由H公司出资收购D公司部分股权，并将与B公司所签协议列为股权转让协议附件之一。在股权转让协议中，苏某虚构D公司已出资参股经营北京MY大厦，R公司、Q公司或其关联方拥有北京MY大厦70.83％股权，R公司、Q公司已与北京MY大厦其他股东及被拆迁单位北京某制药厂签订协议，已解决北京MY大厦相关权益方在MY大厦项目中的权益问题，并为D公司取得MY大厦项目所有权及御京花园项目已代垫款2.4亿元等事实，谎称D公司在MY大厦项目尚有应付款不超过4000万元，并要求将该款列入D公司及项目开发成本核算，

---

① 北京市第二中级人民法院（2018）京02刑初97号刑事判决书、北京市高级人民法院（2019）京刑终109号刑事裁定书。

由 H 公司垫付支出。而后，被告人苏某又以 Q 公司名义给 H 公司出具付款通知，谎称 MY 大厦项目转让手续进展如预期，并要求 H 公司按照股权转让协议约定，支付 4000 万元完成项目转让的相关手续。二审法院认为，苏某实际控制 D 公司的股东 R 公司、Q 公司，在签订 D 公司股权转让协议过程中，将虚构的事实订立为合同条款，并将存在虚假表述的 D 公司与 B 公司所签协议列为股权转让协议的附件之一，隐瞒 D 公司开发项目的真实情况，进行虚假承诺。其实施的行为和客观结果证明，其对涉案款项具有非法占有的主观故意，符合合同诈骗罪的犯罪构成，对于被害单位因其犯罪行为遭受的财产损失，苏某应以合同诈骗罪承担刑事责任。

案例二：在曹某合同诈骗案①中，曹某在没有真实货物交易的情形下，指使被告人丁某以广东 Z 公司名义与西宁 W 公司签订代理进口协议，约定由西宁 W 公司代理广东 Z 公司进口煤炭 50170 吨，西宁 W 公司向银行申请开具以香港 S 公司（该公司由曹某实际控制）为受益人的远期信用证。协议签订后曹某将他人已使用过的过期提单提供给西宁 W 公司，预付 48.3889 万美元开证保证金，并承诺给予 5% 的代理费。西宁 W 公司根据广东 Z 公司提供的销售方信息，与香港 S 公司签订购销协议，并接受广东 Z 公司信用证项下提单一正一副的要求。2014 年 8 月 5 日，西宁 W 公司向某银行青海省分行申请开具了受益人为香港 S 公司的信用证，同日香港 S 公司通过其开户行将信用证项下资金贴现，用于偿还广东 Z 公司欠广州市某公司的债务。该案一审认定，广东 Z 公司以非法占有为目的，法定代表人曹某指使被告人丁某与他人签订合同，二人利用虚假提单，骗取他人资金，构成合同诈骗罪。但二审法院认定：一、无证据证实丁某系广东 Z 公司副总经理或案发时系广东 Z 公司工作人员，不符合广东 Z 公司单位犯罪的其他直接责任人员的认定条件；二、无证据证实丁某在签订协议时创造虚假条件代表广东 Z 公司与西宁 W 公司签订协议，无证据证实丁某在签订协议时明知广东 Z 公司无履约能力，亦无证据证实丁某为广东 Z 公司利益虚构事实，隐瞒真相，签订虚假合同，具有骗取他人财物的主观故意。广

---

① 青海省高级人民法院（2020）青刑终 69 号刑事判决书。

东Z公司未能按期还款系因在资金链断裂的情况下，实施以签订合同为名骗取他人财物行为，而非因丁某行为造成。因而二审法院认为，原判认定丁某明知涉案提单是使用过的，而利用虚假提单骗取他人资金的事实与二审查明的事实不符，属认定事实不清，证据不足。最终二审改判丁某无罪。

案例三：在范某、徐某甲、徐某乙、贾某合同诈骗案①中，某医院的实际负责人范某，授意医生贾某、徐某乙制作虚假病历及厨房、采购入库单等虚假材料，骗取医保基金1000万余元。该案一审认定贾某在共同犯罪中起到了提供便利或帮助作用构成合同诈骗罪，但未对诈骗金额认定明确。该案二审后，以在案证据中仅有一份金额为300元的虚假病历上有贾某签字为由，判决贾某不构成合同诈骗罪。

案例四：在曹某合同诈骗案②中，曹某因资金周转困难，在店铺被法院查封的情况下将店铺出售取得400万余元，该款被曹某用于偿还公司借款以及公司其他开支。被害人得知店铺被查封后，要求曹某返还支付的房款，曹某也向被害人出具了书面退款承诺书。本案中曹某对款项的处置不符合合同诈骗罪的表现形式，曹某将所得款项用于公司开支也是希望公司能够正常运营，争取能够正常履行与被害人之间的合同，可定性为将所得款项用于继续履行合同，该案一审曹某被判决有罪，最终二审认定曹某无罪。

案例五：在李某、N公司等合同诈骗案③中，被告单位N公司及被告人李某等人在企业经营亏损，银行贷款高达30多亿元，资金链即将断裂的情况下，以非法占有为目的，通过与关联公司签订虚假贸易合同、虚增应收款及虚增利润的方式，隐瞒公司巨额亏损，在已经资不抵债的情况下，制造公司实力雄厚、具有强大盈利能力的假象，并向D公司和某尽职调查机构提供虚假的财务数据，找人冒充关联公司负责人欺骗某尽职调查机

---

① 河北省高级人民法院(2015)冀刑二终字第101号刑事判决书。
② 江西省上饶市中级人民法院(2016)赣11刑终211号刑事判决书。
③ 浙江省宁波市中级人民法院(2019)浙02刑初138号刑事判决书。

构，使其作出错误的估值报告，诱骗被害单位D公司以21.6亿元的虚高估值与其签订收购协议。并购后，在不具备合同履行能力的情况下，被告人为避免向D公司返还现金和股票，继续隐瞒实际经营情况，虚增更多利润，以公司经营需要和加快退税速度为由，骗取被害单位D公司增资2亿元。为避免资金链断裂需承担的担保责任，被告人李某与人合伙将13.57亿元的银行贷款担保转移至D公司名下，并不断要求D公司提供担保。在D公司进驻N公司对财务情况进行核查并报警后，相关被告人才供述了N公司实际亏损，在并购过程中虚增利润，并购后无能力完成《业绩补偿协议》中的利润目标的事实。李某由此被判处无期徒刑，其他被告人也相应获刑。

七、侵犯公民个人信息罪

（一）相关的规范性文件

1.《中华人民共和国刑法》

第二百五十三条之一　违反国家有关规定，向他人出售或者提供公民个人信息，情节严重的，处三年以下有期徒刑或者拘役，并处或者单处罚金；情节特别严重的，处三年以上七年以下有期徒刑，并处罚金。

违反国家有关规定，将在履行职责或者提供服务过程中获得的公民个人信息，出售或者提供给他人的，依照前款的规定从重处罚。

窃取或者以其他方法非法获取公民个人信息的，依照第一款的规定处罚。

单位犯前三款罪的，对单位判处罚金，并对其直接负责的主管人员和其他直接责任人员，依照各该款的规定处罚。

2.最高人民法院、最高人民检察院、公安部《关于办理电信网络诈骗等刑事案件适用法律若干问题的意见（二）》

五、非法获取、出售、提供具有信息发布、即时通讯、支付结算等功能的互联网账号密码、个人生物识别信息，符合刑法第二百五十三条之一规定的，以侵犯公民个人信息罪追究刑事责任。

对批量前述互联网账号密码、个人生物识别信息的条数，根据查获的数量直接认定，但有证据证明信息不真实或者重复的除外。

3.最高人民法院、最高人民检察院《关于办理侵犯公民个人信息刑事案件适用法律若干问题的解释》

为依法惩治侵犯公民个人信息犯罪活动，保护公民个人信息安全和合法权益，根据《中华人民共和国刑法》《中华人民共和国刑事诉讼法》的有关规定，现就办理此类刑事案件适用法律的若干问题解释如下：

第一条 刑法第二百五十三条之一规定的"公民个人信息"，是指以电子或者其他方式记录的能够单独或者与其他信息结合识别特定自然人身份或者反映特定自然人活动情况的各种信息，包括姓名、身份证件号码、通信通讯联系方式、住址、账号密码、财产状况、行踪轨迹等。

第二条 违反法律、行政法规、部门规章有关公民个人信息保护的规定的，应当认定为刑法第二百五十三条之一规定的"违反国家有关规定"。

第三条 向特定人提供公民个人信息，以及通过信息网络或者其他途径发布公民个人信息的，应当认定为刑法第二百五十三条之一规定的"提供公民个人信息"。

未经被收集者同意，将合法收集的公民个人信息向他人提供的，属于刑法第二百五十三条之一规定的"提供公民个人信息"，但是经过处理无法识别特定个人且不能复原的除外。

第四条 违反国家有关规定，通过购买、收受、交换等方式获取公民个人信息，或者在履行职责、提供服务过程中收集公民个人信息的，属于刑法第二百五十三条之一第三款规定的"以其他方法非法获取公民个人信息"。

第五条 非法获取、出售或者提供公民个人信息，具有下列情形之一的，应当认定为刑法第二百五十三条之一规定的"情节严重"：

（一）出售或者提供行踪轨迹信息，被他人用于犯罪的；

（二）知道或者应当知道他人利用公民个人信息实施犯罪，向其出售或者提供的；

（三）非法获取、出售或者提供行踪轨迹信息、通信内容、征信信息、财产信息五十条以上的；

（四）非法获取、出售或者提供住宿信息、通信记录、健康生理信息、交易信息等其他可能影响人身、财产安全的公民个人信息五百条以上的；

（五）非法获取、出售或者提供第三项、第四项规定以外的公民个人信息五千条以上的；

（六）数量未达到第三项至第五项规定标准，但是按相应比例合计达到有关数量标准的；

（七）违法所得五千元以上的；

（八）将在履行职责或者提供服务过程中获得的公民个人信息出售或者提供给他人，数量或者数额达到第三项至第七项规定标准一半以上的；

（九）曾因侵犯公民个人信息受过刑事处罚或者二年内受过行政处罚，又非法获取、出售或者提供公民个人信息的；

（十）其他情节严重的情形。

实施前款规定的行为，具有下列情形之一的，应当认定为刑法第二百五十三条之一第一款规定的"情节特别严重"：

（一）造成被害人死亡、重伤、精神失常或者被绑架等严重后果的；

（二）造成重大经济损失或者恶劣社会影响的；

（三）数量或者数额达到前款第三项至第八项规定标准十倍以上的；

（四）其他情节特别严重的情形。

第六条　为合法经营活动而非法购买、收受本解释第五条第一款第三项、第四项规定以外的公民个人信息，具有下列情形之一的，应当认定为刑法第二百五十三条之一规定的"情节严重"：

（一）利用非法购买、收受的公民个人信息获利五万元以上的；

（二）曾因侵犯公民个人信息受过刑事处罚或者二年内受过行政处罚，又非法购买、收受公民个人信息的；

（三）其他情节严重的情形。

实施前款规定的行为，将购买、收受的公民个人信息非法出售或者提供的，定罪量刑标准适用本解释第五条的规定。

第七条 单位犯刑法第二百五十三条之一规定之罪的，依照本解释规定的相应自然人犯罪的定罪量刑标准，对直接负责的主管人员和其他直接责任人员定罪处罚，并对单位判处罚金。

第八条 设立用于实施非法获取、出售或者提供公民个人信息违法犯罪活动的网站、通讯群组，情节严重的，应当依照刑法第二百八十七条之一的规定，以非法利用信息网络罪定罪处罚；同时构成侵犯公民个人信息罪的，依照侵犯公民个人信息罪定罪处罚。

第九条 网络服务提供者拒不履行法律、行政法规规定的信息网络安全管理义务，经监管部门责令采取改正措施而拒不改正，致使用户的公民个人信息泄露，造成严重后果的，应当依照刑法第二百八十六条之一的规定，以拒不履行信息网络安全管理义务罪定罪处罚。

第十条 实施侵犯公民个人信息犯罪，不属于"情节特别严重"，行为人系初犯，全部退赃，并确有悔罪表现的，可以认定为情节轻微，不起诉或者免予刑事处罚；确有必要判处刑罚的，应当从宽处罚。

第十一条 非法获取公民个人信息后又出售或者提供的，公民个人信息的条数不重复计算。

向不同单位或者个人分别出售、提供同一公民个人信息的，公民个人信息的条数累计计算。

对批量公民个人信息的条数，根据查获的数量直接认定，但是有证据证明信息不真实或者重复的除外。

第十二条 对于侵犯公民个人信息犯罪，应当综合考虑犯罪的危害程度、犯罪的违法所得数额以及被告人的前科情况、认罪悔罪态度等，依法判处罚金。罚金数额一般在违法所得的一倍以上五倍以下。

第十三条 本解释自2017年6月1日起施行。

4.最高人民法院、最高人民检察院、公安部《关于办理电信网络诈骗等刑事案件适用法律若干问题的意见》

三、全面惩处关联犯罪

（一）在实施电信网络诈骗活动中，非法使用"伪基站""黑广播"，干扰无线电通讯秩序，符合刑法第二百八十八条规定的，以扰乱无线电通讯管理秩序罪追究刑事责任。同时构成诈骗罪的，依照处罚较重的规定定罪处罚。

（二）违反国家有关规定，向他人出售或者提供公民个人信息，窃取或者以其他方法非法获取公民个人信息，符合刑法第二百五十三条之一规定的，以侵犯公民个人信息罪追究刑事责任。

使用非法获取的公民个人信息，实施电信网络诈骗犯罪行为，构成数罪的，应当依法予以并罚。

（三）冒充国家机关工作人员实施电信网络诈骗犯罪，同时构成诈骗罪和招摇撞骗罪的，依照处罚较重的规定定罪处罚。

（四）非法持有他人信用卡，没有证据证明从事电信网络诈骗犯罪活动，符合刑法第一百七十七条之一第一款第（二）项规定的，以妨害信用卡管理罪追究刑事责任。

（五）明知是电信网络诈骗犯罪所得及其产生的收益，以下列方式之一予以转账、套现、取现的，依照刑法第三百一十二条第一款的规定，以掩饰、隐瞒犯罪所得、犯罪所得收益罪追究刑事责任。但有证据证明确实不知道的除外：

1.通过使用销售点终端机具（POS机）刷卡套现等非法途径，协助转换或者转移财物的；

2.帮助他人将巨额现金散存于多个银行账户，或在不同银行账户之间频繁划转的；

3.多次使用或者使用多个非本人身份证明开设的信用卡、资金支付结算账户或者多次采用遮蔽摄像头、伪装等异常手段，帮助他人转账、套现、取现的；

4.为他人提供非本人身份证明开设的信用卡、资金支付结算账户后，又帮助他人转账、套现、取现的；

5.以明显异于市场的价格，通过手机充值、交易游戏点卡等方式套现的。

实施上述行为，事前通谋的，以共同犯罪论处。

实施上述行为，电信网络诈骗犯罪嫌疑人尚未到案或案件尚未依法裁判，但现有证据足以证明该犯罪行为确实存在的，不影响掩饰、隐瞒犯罪所得、犯罪所得收益罪的认定。

实施上述行为，同时构成其他犯罪的，依照处罚较重的规定定罪处罚。法律和司法解释另有规定的除外。

（六）网络服务提供者不履行法律、行政法规规定的信息网络安全管理义务，经监管部门责令采取改正措施而拒不改正，致使诈骗信息大量传播，或者用户信息泄露造成严重后果的，依照刑法第二百八十六条之一的规定，以拒不履行信息网络安全管理义务罪追究刑事责任。同时构成诈骗罪的，依照处罚较重的规定定罪处罚。

（七）实施刑法第二百八十七条之一、第二百八十七条之二规定之行为，构成非法利用信息网络罪、帮助信息网络犯罪活动罪，同时构成诈骗罪的，依照处罚较重的规定定罪处罚。

（八）金融机构、网络服务提供者、电信业务经营者等在经营活动中，违反国家有关规定，被电信网络诈骗犯罪分子利用，使他人遭受财产损失的，依法承担相应责任。构成犯罪的，依法追究刑事责任。

（二）罪状阐述

网络技术的普及，在为数据经济带来巨大前景的同时，也使得涉及公民个人信息的数据面临着泄露风险。公民个人信息具有高价值性，因而出现以此为牟利点的公民个人信息侵权行为，影响社会安定与秩序。随着公民个人信息泄露问题逐渐进入公众视野，近年来我国对公民个人信息的保护力度不断加大。立法机关通过修改刑法、颁布网络安全法以及民法典，来保护个人信息安全，强化公民个人信息的法律保护。与此同时，行政机关也先后出台行政法规和其他规范性文件，规范信息数据的收集和使用；最高人民法院和最高人民检察院还通过发布司法解释和指导性案例，阐明法条意涵，规范法律适用。可见，国家对个人信息的保护，已经贯彻在立法、行政和司法等各个环节。在刑事领域，全国人大常委会先后通过《刑法修正案（七）》和《刑法修正案（九）》，对侵犯公民个人信息犯罪进行调整和完善，而2017年，最高人民法院、最高人民检察院《关于办理侵犯公民个人信息刑事案件适用法律若干问题的解释》发布，再次引发了理论和实务界的强烈关注。在全球信息化快速发展的大背景下，信息数据已成为国家重要的基础性战略资源，正在引领新一轮的科技创新，但如何在信息数据收集和使用过程中保障信息主体的合法权益，既避免个人信息因收集和使用而失控，又为大数据研发应用和信息数据潜在价值的发挥营造宽松的法治环境，成了尤为紧迫的命题。

关于侵犯公民个人信息罪，首先需要厘清的是该罪所保护的法益，对此理论界存在较大争议，认可度较高的是公民个人隐私权说。该观点认为侵犯公民个人信息行为侵犯的是民主权利中的名誉隐私权，公民个人信息也因此限于公民姓名、年龄等能够识别公民个人身份或者涉及公民个人隐私的信息、数据资料[1]。还有学者主张个人信息自治权说[2]，认为侵犯公民个人信息的行为本质上侵犯了公民对于其个人信息自我处理、自我决断的权利[3]。还有观点认为，将公民个人信息罪所保护的法益构建作为个人法益的信息自决权，或者作为公共法益、不具备实质内涵的信息安全，都不能明确本罪的处罚范围，侵犯公民个人信息罪所保护的法益，是具备实质

---

[1] 参见张明楷：《刑法学》（第5版），法律出版社2016年版，第921页。

[2] 曾粤兴、高正旭：《侵犯公民个人信息罪之法益研究》，《刑法论丛》2018年第3期。

[3] 信息自决权理论发源并发展于德国，是德国《联邦数据保护法》的理论根基，也是德国构建与完善个人信息保护法律法规的基点。

权利内涵的集体法益，具体为信息专有权，也就是法定主体对于所占有个人信息的处分权限。①不仅如此，还有学者提出了公共信息安全说②、公民个人生活安宁说③等，均具有一定的理论依据与现实意义，司法实践中不同案件、不同法院对于各种观点也都有采纳。

在侵犯公民个人信息罪的构成要件中，需要重点关注窃取或非法获取公民个人信息的手段。除了较为常见的购买、收受、交换和侵入计算机信息系统，还有违反国家有关规定④，在履行职责、提供服务过程中收集公民个人信息等，都属于典型的"以其他方式获取公民个人信息"。在被认定构成非法获取公民个人信息的行为中，一般主要有未经他人同意收集公民个人信息，收集与提供的服务无关的公民个人信息两种情况。现实中第二种情形较为常见（特别是网络平台运营商），主要表现形式是利用职务或工作之便，对接受服务者进行套话或诱导，使接受服务者在不经意间提供和服务本身无关的信息，而提供服务者在获取这些额外信息后再进行进一步加工利用以获取更大的利益。因此，侵犯公民个人信息行为应结合具体案情进行入罪考量，尤其是在案件性质涉及职务犯罪和侵犯公民个人信息罪有所交叉时，更应结合行为的严重程度及其造成的后果进行综合考量。

根据《刑法修正案（九）》的修改，构成本罪不再要求是特殊主体，而扩张为一般主体，只是特殊主体犯本罪的，从重处罚。此外，本罪中的"公民"（也可以说是受害人）可以解释为自然人，包括外国人和无国籍人，但不包括单位和死者。而关于刑法上公民个人信息的界定是否坚持可识别性的特征，存在不同认识。"肯定说"认为：侵犯公民个人信息罪的相关司法解释和民法典、网络安全法以及个人信息保护法所采用的个人信

---

① 敬力嘉：《大数据环境下侵犯公民个人信息罪法益的应然转向》，《法学评论》2018年第2期。

② 凌萍萍、焦冶：《侵犯公民个人信息罪的刑法法益重析》，《苏州大学学报（哲学社会科学版）》2017年第6期。

③ 胡胜：《侵犯公民个人信息罪的犯罪对象》，《人民司法（应用）》2015年第7期。

④ 此处的"违反国家有关规定"，一般认为包括违反法律、行政法规、部门规章有关公民个人信息保护的规定。

息概念虽然并不完全相同，但是也都坚持信息的可识别性特征。① "否定说"则认为刑法上个人信息的概念舍弃了可识别性的要求。②但是根据《关于办理侵犯公民个人信息刑事案件适用法律若干问题的解释》，"个人信息"不是单纯的隐私信息，而是与特定自然人相关联的可识别性信息。进言之，"公民个人信息"包括身份识别信息和活动情况信息，即以电子或者其他方式记录的能够单独或者与其他信息结合识别特定自然人身份或者反映特定自然人活动情况的各种信息，不仅包括姓名、身份证件号码、通信通讯联系方式、住址、账号密码、财产状况、行踪轨迹等，也包括开房记录、身体健康状况、电子邮箱等。此外，人脸信息属于"生物识别信息"，也被视为一种身份识别信息。

与特定自然人关联的账号密码属于"公民个人信息"；经过处理无法识别特定个人且不能复原的信息，虽然也可能反映自然人活动情况，但与特定自然人无直接关联，不能成为公民个人信息的范畴。最高人民法院、最高人民检察院、公安部《关于办理电信网络诈骗等刑事案件适用法律若干问题的意见（二）》第五条第一款指出，非法获取、出售、提供具有信息发布、即时通讯、支付结算等功能的互联网账号密码、个人生物识别信息，符合《刑法》第二百五十三条之一规定的，以侵犯公民个人信息罪追究刑事责任。

在涉及"人肉"搜索的案件中，通过信息网络或者其他途径发布公民个人信息，实际是向不特定多数人提供公民个人信息，由于向特定人提供公民个人信息的行为属于《刑法》第二百五十三条之一规定的"提供公民个人信息"，因此，基于举轻明重的法理，前者更应当认定为"提供公民

---

① 周光权：《侵犯公民个人信息罪的行为对象》，《清华法学》2021年第3期。

② 此种观点还认为：这种极度扩张个人信息范围的做法甚至也影响到《民法典》。《民法典》第1034条第2款虽然对公民个人信息的定义坚持绝对的识别性标准，但是又列举了"电子邮箱"作为公民个人信息的一个类型，这就受到《关于办理侵犯公民个人信息刑事案件适用法律若干问题的解释》将"账号密码"作为公民个人信息的一种类型的影响。但是，无论是电子邮箱还是账号密码，都不是个人身份的派生物，与个人信息并没有必然的联系。参见李怀胜：《侵犯公民个人信息罪的刑法调适思路——以〈公民个人信息保护法〉为背景》，《中国政法大学学报》2022年第1期。

个人信息"。《关于办理侵犯公民个人信息刑事案件适用法律若干问题的解释》第三条第一款规定，向特定人提供公民个人信息，以及通过信息网络或者其他途径发布公民个人信息的，应当认定为"提供公民个人信息"。

对于"购买公民个人信息"是否属于"以其他方法非法获取公民个人信息"，存在不同认识。有观点认为，"其他方法"应当限于与"窃取"危害性相当的方式（如抢夺），不宜将"购买"包括在内。但《关于办理侵犯公民个人信息刑事案件适用法律若干问题的解释》在制定时，主流观点认为：（1）《刑法》第二百五十三条之一第三款并未明确排除"购买"方法，且非法购买公民个人信息当然属于非法获取公民个人信息的情形；（2）从实践来看，当前非法获取公民个人信息的方式主要表现为非法购买，如排除此种方式，则会大幅限缩侵犯公民个人信息罪的适用范围；（3）不少侵犯公民个人信息犯罪案件表明，购买往往是后续出售、提供的前端环节，没有购买就没有后续的出售、提供。因此，《关于办理侵犯公民个人信息刑事案件适用法律若干问题的解释》第四条明确规定："违反国家有关规定，通过购买、收受、交换等方式获取公民个人信息，或者在履行职责、提供服务过程中收集公民个人信息的，属于刑法第二百五十三条之一第三款规定的'以其他方法非法获取公民个人信息'。"这可以看成是对同类解释规则的一种突破。

对于结合网络（如微信群、TG 群组等）实施的侵犯公民个人信息行为，则以非法利用信息网络罪定罪处罚；同时构成侵犯公民个人信息罪的，依照侵犯公民个人信息罪定罪处罚。侵犯公民个人信息并利用该信息诈骗财物的，以侵犯公民个人信息罪与诈骗罪并罚。

"匿名化处理后的信息"由于其达不到可识别性的程度，故被排除在本罪的个人信息范围之外。《个人信息保护法》强调个人信息为"与已识别或者可识别的自然人有关的各种信息"，仍然将落脚点定位为"识别"。而在司法适用中具体判断部分关联信息是否可以认定为"公民个人信息"，可以从信息本身的重要程度、需要结合的其他信息的比例、行为人主观目的等三个方面加以判断。具体而言：（1）信息本身的重要程度。如果涉案的信息与人身安全、财产安全密切相关，敏感程度较高，则认定此类信息是否属于公民个人信息时，可以采取相对从宽的标准。（2）需要结合的其他信息的比例。如果涉案信息本身与特定自然人的身份、活动情况关联程度高，需要结合的其他信息相对较少，则认定为公民个人信息的可能性较大；反之，如果需要结合的其他信息过多，则认定为公民个人信息的可能性较小。（3）行为人主观目的。如果行为人主观上获取涉案信息并不用于识别特定自然人身份或者反映特定自然人活动情况，则此类信息原则上不宜认定为公民个人信息。①

在司法实践中，当前争论较为激烈的问题是单独的手机号码是否属于公民个人信息的范畴。如前所述，如果不对部分关联程度作出一定限定，则单独的手机号码可以被认定为公民个人信息。但是，鉴于手机号码尚不属于敏感个人信息的范畴，对于部分关联性的认定应当坚持相对较高的标准，而不宜过度泛化。对于带有识别标签的手机号码，如申请过网络贷款的手机号码、有炒股意向的手机号码等，尚且可以纳入公民个人信息的范畴。而对于仅包含手机号码（也可能是"手机号码+通话时间"）的信息，由于可识别程度极低，原则上不宜纳入公民个人信息的范畴。此种情形下的手机号码，需要达到可识别程度，需要结合的其他信息远远超过手机号码本身；而且，涉案行为人实际上也不具有识别特定自然人的主观目的，即不关心手机号码背后的主体身份。对此，可能会有观点以手机号码实名制为由提出不同意见，但实际上手机号码背后不一定对应特定自然人，因为还存在为数不少的物联网卡、黑卡。因此，不能主张每个手机号码背后都可以对应特定的自然人。②

对此，企业可以采取以下合规行动：一是建立个人信息管理制度，明确数据收集、存储、使用、共享和销毁等环节的规范和流程，指定专人负

---

① 喻海松：《"刑法先行"路径下侵犯公民个人信息罪犯罪圈的调适》，《中国法律评论》2022年第6期。

② 喻海松：《"刑法先行"路径下侵犯公民个人信息罪犯罪圈的调适》，《中国法律评论》2022年第6期。

责个人信息保护工作，并将其纳入企业组织架构中，以确保个人信息保护工作得到有效的组织、协调和管理。该责任人需要具备相应的知识和技能，并需得到持续的培训和提升。二是加强员工教育和管理，对员工进行相关的法律法规和企业内部规章制度培训，强化员工对个人信息的保护意识，并加强对员工的管理和监督，确保员工在日常工作中能够严格遵守企业的规定和操作流程，避免意外或故意泄露个人信息。培训内容可以包括：保护个人信息的重要意义、相关法律法规、企业的数据保护政策、数据处理流程等。严格限制数据访问权限，根据员工岗位和工作需要，分配不同的数据访问权限，确保员工只能访问其工作职责所需的信息。此外，还应当建立严格的数据处理流程和规范，确保个人信息的采集、存储、使用、传输、共享等各个环节都符合法律法规的要求，明确数据处理的范围和目的，避免出现超出范围和超出目的的行为。企业应当明确个人信息保护的目的，仅在合法、正当、必要的情况下收集和使用个人信息，并将个人信息保密，安全地存储、传输和共享。三是加强安全控制，建立健全的内部控制制度，包括风险评估、数据安全管理、数据访问控制等方面，保障个人信息不被泄露、滥用、篡改、毁损等。这些控制措施可以包括但不限于：数据分类、安全访问授权、网络防火墙、数据备份、数据加密、防病毒防恶意攻击等，保障个人信息的安全性和机密性，加强内部审计、检查、监督和培训等。加强数据收集与使用的合法性，遵守数据收集和使用的法律法规，明确收集和使用个人信息的目的、方式、范围和期限，并严格控制数据的共享和转移。在有条件的情况下，可以及时向个人信息的所有者或授权人公开个人信息的处理情况，并及时处理用户的投诉和举报。四是建立应急预案，建立健全的应急响应机制，做好数据安全事件的处置工作，包括数据泄露、滥用、篡改、毁损等。应急响应机制应当明确数据安全事件的分类、报告和处理流程，及时采取必要的措施，防止损失扩大，并保障用户合法权益。五是定期进行合规审查，评估个人信息保护工作的有效性和合规性，及时发现和解决存在的问题。合规审查可以包括但不限于对数据安全管理制度的审查、对数据处理流程的审查、对数据处理操作的审查等，以及针对特定风险领域的深入审查。

（三）典型案例

案例一：在成某、Y公司侵犯公民个人信息案①中，Y公司通过网络发布招兼职广告，以每日保底130元的兼职工资招集社会人员、学生群体作为兼职，兼职人员按公司工作人员提供的需要注册的App清单，使用自己的身份证、银行卡、手机号、支付宝、微信等个人信息在自己的手机上下载并实名认证百余款App。成某等人收集到兼职人员实名认证注册的App信息并汇总后，由陶某、邹某将App注册账户、密码、电话号码、身份证等个人信息上传给上家M公司，以每个App账户3元至140元不等的价格获利。法院认为，被告人设立Y公司，并以公司名义通过网络发布招兼职广告，召集不特定众多社会人员、学生群体作为兼职人员，并要求兼职人员按公司工作人员提供的App清单进行了实名认证，被告人由此收集到兼职人员个人信息13895条，即假借注册推广App的名义，行非法出售个人信息之实，其行为对象指向了不特定众多公民的个人信息，具体实施侵害行为时，又对特定公民的个人信息造成了实质性侵害，导致众多人员的个人信息被他人使用，部分人员信息被用于诈骗等违法活动，侵害了公民信息安全，对互联网造成重大风险，严重侵犯公民的隐私权，威胁众多公民隐私和财产安全，侵害了社会公共利益。法院最终支持了检察院公益诉讼之诉求，判决被告人除承担刑事责任外，还应在判决生效之日起三十内，在省级以上新闻媒体上公开向社会公众赔礼道歉。

案例二：在杨某侵犯公民个人信息案②中，被告人杨某开设了产后恢复机构，为了获取客户资源，杨某先后联系了多个社区居委会及卫生服务中心的相关工作人员，以有偿的方式非法得到他们在工作中获取的包括产妇电话、地址、分娩方式、孕次、产次、产后出血量、新生儿性别、出生

---

① 贵州省毕节市中级人民法院（2021）黔05刑终265号刑事判决书。
② 广西壮族自治区南宁市中级人民法院（2021）桂01刑终67号刑事判决书。

日期、身长体重、出生缺陷等信息。法院认为，该案涉及的公民个人信息包含他人住址及健康生理信息，足以造成影响他人人身、财产安全可能，符合最高人民法院、最高人民检察院《关于办理侵犯公民个人信息刑事案件适用法律若干问题的解释》的相关规定，属于健康生理信息。最终法院认定被告人杨某构成侵犯公民个人信息罪。

案例三：在雷某等侵犯公民个人信息案①中，被告人雷某利用其身为某通信公司员工的工作便利，在他人不知情的情况下使用他人的身份信息办理电话卡，后将电话卡出售给被告人滕某。被告人韦某利用帮客户办理贷款的便利，以贷款需要为由，向客户收购电话卡后出售给被告人滕某。被告人滕某将收购来的电话卡再出售给被告人周某、李某。被告人周某、李某再将从被告人滕某处收购来的电话卡出售给他人。经查，被告人雷某、韦某、滕某、周某、李某出售的电话卡中涉及多起网络诈骗。一审认为被告人雷某、韦某、滕某、周某、李某明知他人利用电话卡实施网络诈骗，仍然为他人犯罪提供电话卡予以帮助，构成帮助信息网络犯罪活动罪。二审认为，在案证据仅能证明出售的电话卡与诈骗犯罪具有关联性，无法认定各被告人明知其出售的实名制手机卡被用于违法犯罪活动，改判五被告人构成侵犯公民个人信息罪。

---

① 广西壮族自治区南宁市中级人民法院（2021）桂 01 刑终 467 号刑事判决书。

八、拒不支付劳动报酬罪

（一）相关的规范性文件

1.《中华人民共和国刑法》

第二百七十六条之一　以转移财产、逃匿等方法逃避支付劳动者的劳动报酬或者有能力支付而不支付劳动者的劳动报酬，数额较大，经政府有关部门责令支付仍不支付的，处三年以下有期徒刑或者拘役，并处或者单处罚金；造成严重后果的，处三年以上七年以下有期徒刑，并处罚金。

单位犯前款罪的，对单位判处罚金，并对其直接负责的主管人员和其他直接责任人员，依照前款的规定处罚。

有前两款行为，尚未造成严重后果，在提起公诉前支付劳动者的劳动报酬，并依法承担相应赔偿责任的，可以减轻或者免除处罚。

2.最高人民法院《关于审理拒不支付劳动报酬刑事案件适用法律若干问题的解释》

第七条　不具备用工主体资格的单位或者个人，违法用工且拒不支付劳动者的劳动报酬，数额较大，经政府有关部门责令支付仍不支付的，应当依照刑法第二百七十六条之一的规定，以拒不支付劳动报酬罪追究刑事责任。

第八条 用人单位的实际控制人实施拒不支付劳动报酬行为，构成犯罪的，应当依照刑法第二百七十六条之一的规定追究刑事责任。

第九条 单位拒不支付劳动报酬，构成犯罪的，依照本解释规定的相应个人犯罪的定罪量刑标准，对直接负责的主管人员和其他直接责任人员定罪处罚，并对单位判处罚金。

3.国务院《保障农民工工资支付条例》

第四十一条 人力资源社会保障行政部门在查处拖欠农民工工资案件时，发生用人单位拒不配合调查、清偿责任主体及相关当事人无法联系等情形的，可以请求公安机关和其他有关部门协助处理。

人力资源社会保障行政部门发现拖欠农民工工资的违法行为涉嫌构成拒不支付劳动报酬罪的，应当按照有关规定及时移送公安机关审查并作出决定。

4.最高人民检察院、公安部《关于公安机关管辖的刑事案件立案追诉标准的规定（一）的补充规定》

七、在《立案追诉标准（一）》第三十四条后增加一条，作为第三十四条之一：［拒不支付劳动报酬案（刑法第二百七十六条之一）］以转移财产、逃匿等方法逃避支付劳动者的劳动报酬或者有能力支付而不支付劳动者的劳动报酬，经政府有关部门责令支付仍不支付，涉嫌下列情形之一的，应予立案追诉：

（一）拒不支付一名劳动者三个月以上的劳动报酬且数额在五千元至二万元以上的；

（二）拒不支付十名以上劳动者的劳动报酬且数额累计在三万元至十万元以上的。

不支付劳动者的劳动报酬，尚未造成严重后果，在刑事立案前支付劳动者的劳动报酬，并依法承担相应赔偿责任的，可以不予立案追诉。

（二）罪状阐述

为强化对劳动者获取劳动报酬权的保护，拒不支付劳动报酬的行为被列入刑法。该罪的成立以劳动行政部门在查实用人单位克扣或无故拖欠劳动报酬的基础上责令用人单位支付劳动报酬仍拒不支付为前提。拒不支付劳动报酬罪是一个不作为犯，但不是只要行为人不支付劳动报酬就构成本罪，按照《刑法》第二百七十六条之一的规定，还要求是经政府有关部门责令支付仍不支付的，才构成犯罪。至于转移财产、逃匿等方法，这些只是对行为人不支付劳动报酬的具体表现的一种描述，不是构成本罪必须的行为。换言之，如果单位采用了其他手段、方法拒不支付劳动者劳动报酬，仍有可能构成拒不支付劳动报酬罪。

立法上确实未对以转移财产、逃匿等方法逃避支付劳动报酬行为人的支付能力作任何要求，其立法目的是用严厉的措施防止用人单位通过该类行为逃避支付义务。因为该类行为不但给劳动者劳动报酬权的实现造成了极大的困难，而且增加了人社部门查处的难度。因此，在司法实践中，裁判者不是重点考虑用人单位是否转移了财产，而是侧重于行为人是否有逃匿行为。需要注意，本罪中的"报酬"包括劳动者依法应当获得的工资、奖金、津贴、补贴、延长工时所获得的报酬等。如果行为人不支付的是买卖合同的货款等，则不构成本罪。另外，本罪要求"数额较大"，即拒不支付一名劳动者三个月以上的劳动报酬且数额在五千元至二万元以上的，或者拒不支付十名以上劳动者的劳动报酬且数额累计在三万元至十万元以上的。

在劳务派遣的情况下，根据《劳动合同法》第五十八条的规定，劳务派遣单位属于特殊的用人单位。劳务派遣单位与被派遣劳动者之间存在劳动关系，是支付劳务报酬的第一责任人，无论用工单位是否如期足额支付款项给劳务派遣单位，劳务派遣单位都有支付劳动报酬的责任。因此劳务派遣单位以"用工单位未支付足额款项"等为由而拒不支付劳动报酬的行为，可以构成拒不支付劳动报酬罪。①而在劳务外包、转包、分包用工情况下（通常存在于建筑工程等领域），发包人与承包人之间是劳务关系，承包人与劳动者之间是劳动关系。因此，原则上只有与从事劳动的劳动者直接产生用工关系的一方才能成为拒不支付劳动报酬罪的主体，不是与劳动者直接产生用工关系的一方不能成为该罪的犯罪主体。如果后者故意不履行合同，导致用工方无法支付劳动者劳动报酬的，可以通过民事诉讼途径解决。②但是根据《建设领域农民工工资支付管理暂行办法》规定："七、企业应将工资直接发放给农民工本人，严禁发放给"包工头"或其他不具备用工主体资格的组织和个人。""十、业主或工程总承包企业未按合同约定与建设工程承包企业结清工程款，致使建设工程承包企业拖欠农民工工资的，由业主或工程总承包企业先行垫付农民工被拖欠的工资，先行垫付的工资数额以未结清的工程款为限。""十二、工程总承包企业不得将工程违反规定发包、分包给不具备用工主体资格的组织或个人，否则应承担清偿拖欠工资连带责任。"

从司法实践来看，由于存在虚假注册等现象，不少用人单位的实际控制人并未担任用人单位的法定代表人，而是在幕后控制、操纵用人单位。不仅如此，某些用人单位与其他经营体之间存在承包、分包、挂靠、合作经营等关系，导致责任主体更加复杂化。根据《关于审理拒不支付劳动报酬刑事案件适用法律若干问题的解释》第八条的规定，用人单位的实际控制人实施拒不支付劳动报酬行为，构成犯罪的，也应当追究刑事责任。而对于实际控制人的认定，可以参照公司法等规范性文件。

关于从宽处罚情节。如果能够在刑事立案前支付劳动者相应劳动报酬，并依法承担相应赔偿责任的，可以认定为情节显著轻微危害不大，不认为是犯罪。如果在检察院提起公诉前支付劳动者相应劳动报酬，并依法承担相应赔偿责任的，可以减轻或者免除刑事处罚。如果在一审宣判前支付劳动者相应劳动报酬，并依法承担相应赔偿责任的，可以从轻处罚。但

---

① 参见魏东：《〈刑法修正案（八）〉若干新规的诠释与适用》，《法治研究》2011年第5期。

② 参见谢天长：《拒不支付劳动报酬罪的法律适用问题探讨》，《中国刑事法杂志》2011年第11期。

在实务中，一般要求不能出现恶性事件，例如劳动者跳楼、集体示威、集体上访等，否则不能被认为是"危害不大"。

关于罪数问题。如果单位拒不支付劳动报酬，劳动者直接起诉到法院，并且法院判决单位必须支付劳动报酬，在判决生效后单位仍不执行生效判决的，这种情形可能成立拒不执行判决、裁定罪，但一般认为这时还不成立拒不支付劳动报酬罪，因为还没有"经政府有关部门责令"（法院是司法机关）。但如果单位拒不支付劳动报酬，经政府有关部门责令支付仍不支付，而后又被劳动者起诉到法院，在法院要求支付劳动报酬判决生效后仍然不履行，这种情形既成立拒不执行判决、裁定罪，还成立拒不支付劳动报酬罪。问题在于，虽然此处存在两个义务：执行判决和支付劳动报酬，但行为人通过一个行为就能完成，这种情形是一个不作为的行为，触犯了两个不作为犯罪，属于想象竞合犯。

存在争议的是，"以转移财产、逃匿等方法逃避支付劳动者的劳动报酬"，是否需要以行为人具有支付能力为前提？从文字表述上看，似乎只要行为人具有了转移财产、逃匿等逃避支付的客观行为即可，而无须考察行为人是否具有支付能力。如有观点认为，当行为人在转移财产时，本身就反映了其具有全部或部分支付能力，因此转移财产逃避支付义务的行为不以具备支付能力为犯罪成立条件。[①]其中一个理由是：财产逃避支付义务的行为不仅损害了劳动者的合法权益，同时也使行政部门对欠薪事件的掌控与处理形成壁垒，增加了公权力介入的成本。在行为人逃匿的情形下，政府有关部门对欠薪情况难以调查核实，使行政程序无法启动与有效运行，有可能会引发群体性事件，催生社会不安定因素。[②]笔者认为，成立不作为犯以行为人有能力履行作为义务为前提。"拒不支付劳动报酬罪以行为人承担支付义务为前提，以其能够履行而不履行支付义务为要件，

---

① 张宏杰、陈俊涛：《拒不支付劳动报酬罪案的认定难点及研判》，《中国检察官》2014年第2期。

② 黄欣晖、祁若冰：《有无支付能力不影响拒不支付劳动报酬罪的构成》，《人民司法》2014年第10期。

不作为性是该罪危害行为的唯一形式。"①"有能力支付而不支付"是对拒不支付劳动报酬罪的实行行为的实质性概括，因而本罪两种类型行为的解释入罪均要以行为人有支付能力为前提。转移财产时，已经表明行为人具有支付能力；行为人没有支付能力而逃匿的，不可能成立本罪。②在行为人不具备支付能力时，即便其客观上实施逃避支付行为，也不构成拒不支付劳动报酬罪。③可以参见最高人民法院28号指导案例（胡某金拒不支付劳动报酬案）的裁判要点：（1）不具备用工主体资格的单位或者个人（包工头），违法用工且拒不支付劳动者报酬，数额较大，经政府有关部门责令支付仍不支付的，应当以拒不支付劳动报酬罪追究刑事责任；（2）不具备用工主体资格的单位或者个人（包工头）拒不支付劳动报酬，即使其他单位或者个人在刑事立案前为其垫付了劳动报酬的，也不影响追究该用工单位或者个人（包工头）拒不支付劳动报酬罪的刑事责任。

在解除或者终止劳动关系的场合。由于《劳动合同法》第三十八条把未及时足额支付劳动报酬作为劳动者可以解除劳动合同的法定事由，因此，在此种情况下，判断支付能力的时间起点应当是约定的劳动报酬结算日。除此之外，将劳动关系解除或者终止的时间作为判断支付能力的时间起点，也有利于劳动者及时维护自己的合法权益。④

在用人单位破产清算的场合，判断用人单位的劳动报酬支付能力，需要把法律规定的优先清偿费用排除，根据剩余财产判断有无支付能力。⑤具体来讲，根据我国公司法和破产法等的规定，企业破产以后清偿债务时，所欠职工的工资、社会保险费用和法定补偿金排在清算费用之后。判断该情形下用人单位是否有支付能力，需要先行扣除清算费用。在行为人

---

① 参见赵秉志、张伟珂：《拒不支付劳动报酬罪立法研究》，《南开学报》（哲学社会科学版）2012年第2期。

② 张明楷：《刑法学》（第5版），法律出版社2016年版，第1028页。

③ 参见温登平：《拒不支付劳动报酬罪的保护法益和实行行为研究》，《刑法论丛》2021年第3期。

④ 参见赵秉志、张伟珂：《拒不支付劳动报酬罪立法研究》，《南开学报》（哲学社会科学版）2012年第2期。

⑤ 参见薛培、叶小舟：《拒不支付劳动报酬罪的规范适用》，《中国检察官》2015年第16期。

虚假破产和妨害清算行为情节严重的场合，剩余财产可能不足以清偿所欠职工的工资、社会保险费用和法定补偿金。拒不支付劳动报酬罪可能与虚假破产罪和妨害清算罪构成想象竞合，应当从一重罪论处。

关于防范拒不支付劳动报酬罪，企业可以采取的合规行动主要包括以下几点：一是加强《劳动法》的宣传教育，强化劳动合同制度的落实，依法签订劳动合同，明确劳动报酬的支付方式、时间和标准，不得以任何理由拖欠或拒绝支付员工的劳动报酬。要根据不同岗位和工作内容制定不同的劳动合同，确保劳动合同的合法性和有效性。要完善薪酬制度，根据员工的岗位、工作内容、工作贡献等因素，制定完善合理的薪酬体系及其标准，确保员工的薪酬合理、公正、透明。二是加强财务管理，确保企业资金的合法来源和合理用途。要建立健全的财务核算和报告机制，及时、准确地记录和报告企业的经营情况，确保财务信息的真实性和准确性。同时，企业还应当及时、准确地向员工支付工资、奖金等，并在薪酬支付过程中严格遵守税收法规，确保所支付的劳动报酬符合税收法规要求。三是加强员工的管理，建立健全人力资源管理机制，注重员工的培训和发展，提高员工的工作能力和素质，增强员工的归属感和责任感。

（三）典型案例

案例一：在顾某拒不支付劳动报酬案[①]中，争议的焦点是被告人顾某是否存在以转移财产的方式拒不支付劳动报酬。2017 年 8 月至 2018 年 12 月间，K 公司共计从 C 公司领取劳务费用及借款 18583636 元，K 公司取得款项后应优先支付农民工工资，但 K 公司仅支付部分工人工资，其余资金被挪作他用。在劳动保障监察大队下达《限期改正指令书》后，K 公司及顾某仍然未能足额支付农民工工资，法院认为以上事实足以证实 K 公司及顾某具有恶意拖欠工资的主观故意，其行为符合以转移财产的方法拒不支付劳动报酬的情形，构成拒不支付劳动报酬罪。

[①] 安徽省蚌埠市中级人民法院（2020）皖 03 刑终 454 号刑事判决书。

案例二：在李某拒不支付劳动报酬案①中，争议焦点在于被告人李某是否构成拒不支付劳动报酬罪的犯罪主体。李某辩称，根据我国刑法的规定，拒不支付劳动报酬罪的主体只能是单位主要负责人或者其他负有支付工资义务的责任人。J公司是经过登记注册的企业法人，法定代表人为管某。被告人李某不是企业的法定代表人，也不是股东，不负有支付工人工资的义务。但法院审查后认为，根据本案的证据，结合证人证言及被害人陈述，证实被告人李某确实属于公司负责人之一。此外，被告人李某还辩称自己无支付能力，但其银行卡交易明细显示，2014年3月至2015年1月期间，管某转入李某银行存款账户的铁精粉销售款远高于拖欠工人工资数额，李某实际上具有支付工人工资的能力。最终，法院判决被告人李某犯拒不支付劳动报酬罪。

---

① 河北省承德市中级人民法院(2020)冀08刑终105号刑事判决书。

九、拒不执行判决、裁定罪

（一）相关的规范性文件

1.《中华人民共和国刑法》

第三百一十三条　对人民法院的判决、裁定有能力执行而拒不执行，情节严重的，处三年以下有期徒刑、拘役或者罚金；情节特别严重的，处三年以上七年以下有期徒刑，并处罚金。

单位犯前款罪的，对单位判处罚金，并对其直接负责的主管人员和其他直接责任人员，依照前款的规定处罚。

2.最高人民法院、最高人民检察院、公安部《关于依法严肃查处拒不执行判决、裁定和暴力抗拒法院执行犯罪行为有关问题的通知》

近年来，在人民法院强制执行生效法律文书过程中，一些地方单位、企业和个人拒不执行或以暴力手段抗拒人民法院执行的事件时有发生且呈逐年上升的势头。这种违法犯罪行为性质恶劣，社会危害大，严重影响了法律的尊严和执法机关的权威，已经引起了党中央的高度重视。中央政法委在《关于切实解决人民法院执行难问题的通知》（政法〔2005〕52号文件）中，特别提出公、检、法机关应当统一执法思想，加强协作配合，完善法律制度，依法严厉打击暴力抗拒法院执行的犯罪行为。为贯彻中央政法委指示精神，加大对拒不执行判决、裁定和暴力抗拒执行犯罪行为的惩处力度，依据《中华人民共和国刑法》、《中华人民共和国刑事诉讼法》、全国人大常委会《关于〈中华人民共和国刑法〉第三百一十三条的解释》等规定，现就有关问题通知如下：

一、对下列拒不执行判决、裁定的行为，依照刑法第三百一十三条的规定，以拒不执行判决、裁定罪论处。

（一）被执行人隐藏、转移、故意毁损财产或者无偿转让财产、以明显不合理的低价转让财产，致使判决、裁定无法执行的；

（二）担保人或者被执行人隐藏、转移、故意毁损或者转让已向人民法院提供担保的财产，致使判决、裁定无法执行的；

（三）协助执行义务人接到人民法院协助执行通知书后，拒不协助执行，致使判决、裁定无法执行的；

（四）被执行人、担保人、协助执行义务人与国家机关工作人员通谋，利用国家机关工作人员的职权妨害执行，致使判决、裁定无法执行的；

（五）其他有能力执行而拒不执行，情节严重的情形。

二、对下列暴力抗拒执行的行为，依照刑法第二百七十七条的规定，以妨害公务罪论处。

（一）聚众哄闹、冲击执行现场，围困、扣押、殴打执行人员，致使执行工作无法进行的；

（二）毁损、抢夺执行案件材料、执行公务车辆和其他执行器械、执行人员服装以及执行公务证件，造成严重后果的；

（三）其他以暴力、威胁方法妨害或者抗拒执行，致使执行工作无法进行的。

三、负有执行人民法院判决、裁定义务的单位直接负责的主管人员和其他直接责任人员，为了本单位的利益实施本《通知》第一条、第二条所列行为之一的，对该主管人员和其他直接责任人员，依照刑法第三百一十三条和第二百七十七条的规定，分别以拒不执行判决、裁定罪和妨害公务罪论处。

四、国家机关工作人员有本《通知》第一条第四项行为的，以拒不执行判决、裁定罪的共犯追究刑事责任。

国家机关工作人员收受贿赂或者滥用职权，有本《通知》第一条第四项行为的，同时又构成刑法第三百八十五条、第三百九十七条规定罪的，依照处罚较重的规定定罪处罚。

五、拒不执行判决、裁定案件由犯罪行为发生地的公安机关、人民检察院、人民法院管辖。如果由犯罪嫌疑人、被告人居住地的人民法院管辖更为适宜的，可以由犯罪嫌疑人、被告人居住地的公安机关、人民检察院、人民法院管辖。

六、以暴力、威胁方法妨害或者抗拒执行的，公安机关接到报警后，应当立即出警，依法处置。

七、人民法院在执行判决、裁定过程中，对拒不执行判决、裁定情节严重的人，可以先行司法拘留；拒不执行判决、裁定的行为人涉嫌犯罪的，应当将案件依法移送有管辖权的公安机关立案侦查。

八、人民法院、人民检察院和公安机关在办理拒不执行判决、裁定和妨害公务案件过程中，应当密切配合、加强协作。对于人民法院移送的涉嫌拒不执行判决、裁定罪和妨害公务罪的案件，公安机关应当及时立案侦查，检察机关应当及时提起公诉，人民法院应当及时审判。

在办理拒不执行判决、裁定和妨害公务案件过程中，应当根据案件的具体情况，正确区分罪与非罪的界限，认真贯彻"宽严相济"的刑事政策。

九、人民法院认为公安机关应当立案侦查而不立案侦查的，可提请人民检察院予以监督。人民检察院认为需要立案侦查的，应当要求公安机关说明不立案的理由。人民检察院认为公安机关不立案理由不能成立的，应当通知公安机关立案，公安机关接到通知后应当立案。

十、公安机关侦查终结后移送人民检察院审查起诉的拒不执行判决、裁定和妨害公务案件，人民检察院决定不起诉，公安机关认为不起诉决定有错误的，可以要求复议；如果意见不被接受，可以向上一级人民检察院提请复核。

十一、公安司法人员在办理拒不执行判决、裁定和妨害公务案件中，消极履行法定职责，造成严重后果的，应当依法依纪追究直接责任人责任直至追究刑事责任。

十二、本通知自印发之日起执行，执行中遇到的情况和问题，请分别报告最高人民法院、最高人民检察院、公安部。

3. 最高人民法院《关于审理拒不执行判决、裁定刑事案件适用法律若干问题的解释》

第一条　被执行人、协助执行义务人、担保人等负有执行义务的人对人民法院的判决、裁定有能力执行而拒不执行，情节严重的，应当依照刑法第三百一十三条的规定，以拒不执行判决、裁定罪处罚。

第三条　申请执行人有证据证明同时具有下列情形，人民法院认为符合刑事诉讼法第二百零四条第三项规定的，以自诉案件立案审理：

（一）负有执行义务的人拒不执行判决、裁定，侵犯了申请执行人的人身、财产权利，应当依法追究刑事责任的；

（二）申请执行人曾经提出控告，而公安机关或者人民检察院对负有执行义务的人不予追究刑事责任的。

第五条　拒不执行判决、裁定刑事案件，一般由执行法院所在地人民法院管辖。

第六条　拒不执行判决、裁定的被告人在一审宣告判决前，履行全部或部分执行义务的，可以酌情从宽处罚。

4.《全国人民代表大会常务委员会关于〈中华人民共和国刑法〉第三百一十三条的解释》

全国人民代表大会常务委员会讨论了刑法第三百一十三条规定的"对人民法院的判决、裁定有能力执行而拒不执行，情节严重"的含义问题，解释如下：

刑法第三百一十三条规定的"人民法院的判决、裁定"，是指人民法院依法作出的具有执行内容并已发生法律效力的判决、裁定。人民法院为依法执行支付令、生效的调解书、仲裁裁决、公证债权文书等所作的裁定属于该条规定的裁定。

下列情形属于刑法第三百一十三条规定的"有能力执行而拒不执行，情节严重"的情形：

（一）被执行人隐藏、转移、故意毁损财产或者无偿转让财产、以明显不合理的低价转让财产，致使判决、裁定无法执行的；

（二）担保人或者被执行人隐藏、转移、故意毁损或者转让已向人民法院提供担保的财产，致使判决、裁定无法执行的；

（三）协助执行义务人接到人民法院协助执行通知书后，拒不协助执行，致使判决、裁定无法执行的；

（四）被执行人、担保人、协助执行义务人与国家机关工作人员通谋，利用国家机关工作人员的职权妨害执行，致使判决、裁定无法执行的；

（五）其他有能力执行而拒不执行，情节严重的情形。

国家机关工作人员有上述第四项行为的，以拒不执行判决、裁定罪的共犯追究刑事责任。国家机关工作人员收受贿赂或者滥用职权，有上述第四项行为的，同时又构成刑法第三百八十五条、第三百九十七条规定之罪的，依照处罚较重的规定定罪处罚。

5.最高人民法院《关于办理人身安全保护令案件适用法律若干问题的规定》

第十二条　被申请人违反人身安全保护令，符合《中华人民共和国刑法》第三百一十三条规定的，以拒不执行判决、裁定罪定罪处罚；同时构成其他犯罪的，依照刑法有关规定处理。

6.最高人民法院、最高人民检察院《关于办理虚假诉讼刑事案件适用法律若干问题的解释》

第四条 实施刑法第三百零七条之一第一款行为，非法占有他人财产或者逃避合法债务，又构成诈骗罪，职务侵占罪，拒不执行判决、裁定罪，贪污罪等犯罪的，依照处罚较重的规定定罪从重处罚。

（二）罪状阐述

在我国1979年刑法中，并没有拒不执行判决、裁定罪的规定，而是将拒绝履行人民法院生效的判决、裁定的行为解释为妨害公务执行的行为，从而认定构成妨害公务罪。但随着我国改革开放的不断深化，经济社会发展日趋活跃，司法制度也愈加完善，于是诉讼案件数量大幅增长。当诉讼案件的增长与胜诉案件执行成功率无法成正比时，衍生出了诉讼权威性的问题，"执行难"问题越来越突显。当然，执行难问题的产生和长期存在，是各种因素相互交织、各种矛盾相互作用的集中体现，不过被执行人规避、抗拒执行，甚至不惜触犯刑律，是导致执行难的一个重要因素。故意不执行判决、裁定，不仅使生效法律文书成为"一纸空文"，而且严重损害司法公信和法治权威；不仅导致债权人的合法权益得不到实现，而且严重侵蚀社会诚信体系大厦的基石。因此，1997年刑法对拒不执行法院判决、裁定的行为，以独立的罪名进行了规制。现行《刑法》第三百一十三条规定："对人民法院的判决、裁定有能力执行而拒不执行，情节严重的，处三年以下有期徒刑、拘役或者罚金。"该罪状明确本罪的行为表现是"有能力执行而拒不执行"。可以说，将这一罪名从妨害公务罪中单列出来，其立法意义在于捍卫司法裁判的法律适用权威，提高公民乃至政府对法律的忠诚和尊重意识，塑造和巩固国家法治理念，维护国家法治秩序。由于该条规定延续了1979年刑法的立法理念，而且语言叙述过于简单，对犯罪主体、犯罪对象、行为方式的规定不够明确，法定刑的设置不尽合理。因此，2015 年全国人大常委会通过的《中华人民共和国刑法修正案（九）》又提高了本罪的法定刑幅度，适应了社会变迁和法律规范协调统一的需要。

拒不执行判决、裁定罪设立之初，主体只能是被执行人，并且只能是自然人，但随着我国经济主体日益多元化，一方面越来越多的单位败诉，通过法院的判决、裁定明确负有执行义务，成为被执行人；另一方面被执行人规避、逃避、抗拒执行的手段也在不断翻新，执行难度不断加大。如何追究单位和法人拒不执行判决、裁定的法律责任，有效解决规避执行问题就成了一个新的社会问题。于是 1998 年最高人民法院《关于审理拒不执行判决、裁定案件具体应用法律若干问题的解释》、2002 年 8 月 29 日全国人大常委会《关于〈中华人民共和国刑法〉第三百一十三条的解释》、2015 年 7 月 20 日最高人民法院《关于审理拒不执行判决、裁定刑事案件适用法律若干问题的解释》、2015 年 8 月 29 日全国人大常委会通过的《刑法修正案（九）》等一系列法律和司法解释出台，拒不执行判决、裁定罪的犯罪主体由最初的被执行人单一主体，发展为现在的协助执行人、担保人、单位直接负责的主管人员和其他直接责任人员、作为共犯的执行案件案外人与国家机关工作人员等，同时，由自然人这一单一主体，转变为自然人和单位并存的犯罪主体，这在很大程度上解决了单位、协助执行人、担保人在适用拒不执行判决、裁定罪上无法可依的难题。①

拒不执行判决、裁定罪是纯正的不作为犯，不作为犯的行为从应当履行作为义务时起计算。这可参见最高人民法院指导案例 71 号（毛某某拒不执行判决、裁定案）的裁判要点：有能力执行而拒不执行判决、裁定的时间以判决、裁定发生法律效力时起算。具有执行内容的判决、裁定发生法律效力后，负有执行义务的人有隐藏、转移、故意毁损财产等拒不执行行为，致使判决、裁定无法执行，情节严重的，应当以拒不执行判决、裁定罪定罪处罚。如上所述，如今拒不执行判决、裁定罪的主体包括被执行

---

① 胡学相、尹晓闻：《对拒不执行判决、裁定罪立法的反思与建言——兼评〈刑法修正案（九）〉对拒不执行判决、裁定罪的修订》，《法治研究》2015 年第 6 期。

人、担保人和协助执行义务人，而这几个主体都包含单位，因此单位特别需要注意对外提供担保问题。而本罪所指的"人民法院的判决、裁定"，包括人民法院为依法执行支付令、生效的调解书、仲裁裁决、公证债权文书等所作的裁定，但不包括人民法院的调解书。在"有能力执行"的时间点的判断上不能绝对化，通常情况下，只有在人民法院的判决、裁定生效后，才能确定需要执行的内容。如果人民法院的判决、裁定尚未生效，由于当事人之间的权利义务关系尚不确定，行为人的执行能力也就无法确定。判决、裁定发生法律效力后，当事人必须按照法律文书的要求履行自己的义务。只要当事人收到了法院的判决、裁定，就应当视为已明确知晓了其履行法律文书的义务。一般在司法流程上，被执行人会先收到判决书或裁定书等，而后胜诉方申请执行，被执行人才会收到执行通知书，但是就本罪而言，在判决、裁定生效后，无论执行通知书是否已送达，在明知应承担义务的情况下，都应当积极履行，如果采取各种手段规避执行生效的裁决、裁定，情节严重的就可能会被追究刑事责任。通常情况下，在判决生效前，双方当事人的权利义务关系还不明确，由谁承担给付义务还未确定，不能要求一方当事人在判决生效前就履行给付义务（但当事人可以通过诉讼保全等方式防止对方转移财产）。在权利义务关系已经明确，行为人已经充分认识到自己应当给付，并且在有能力给付的时候通过隐藏、转移、变卖等方式使自己的财产不当减少或者消灭，防止判决生效后履行义务，客观上行为人的这种先前行为造成了生效判决、裁定的不能执行，则可认定行为人构成拒不执行判决、裁定罪。①

一方面，执行能力应是客观存在的，被执行人主观上认为自身不具备执行能力并不影响有执行能力的认定，应结合案情和行为人的自身情况综合认定，所以自以为"无履行能力"而拒不执行生效的判决、裁定，但实际上却有能力执行的，依然有可能会被认定构成拒不执行判决、裁定罪。此外，在实践中，如果行为人为了拒不执行的而故意使自身丧失执行能力，例如，一有钱就挥霍性消费以逃避款项被执行，这种情况应视为具备

① 安凤德：《拒不执行判决、裁定罪的犯罪构成要素新论》，《学术论坛》2016年第2期。

执行能力。另一方面，执行能力不但包括完全的执行能力，还包括部分执行能力。即使被执行人不能一次履行完毕，也应该尽其所能履行义务，即应当先部分履行（分期执行），如果以无力完全履行为由拒不履行，以无法一次性履行为由而拒绝履行或暂时拒绝履行、采用各种方式拒不执行，也可以构成此罪。

"有能力执行而拒不执行"的行为表现在司法实践中呈现多样性。例如，与他人恶意串通，通过虚假诉讼增加债务，通过合法的外表转移财产；直接将财产挥霍，或者将每次的收入在短时间内消耗完而拒不执行；采用暴力手段抗拒执行；具体情况恶劣，如拒不执行的是赡养费、抚恤金、劳动报酬、医疗费用等。①因此，不能只以数额多少作为"情节严重"判断标准，也不能以是否最终支付了案款为标准，有的数额较少，但是性质恶劣，比如有的在被追究刑事责任阶段支付了案款，但是在执行中采取暴力行为抗拒执行，已经构成了犯罪，此时其事后支付案款的行为只能作为犯罪处罚的情节予以考虑。此外，有观点认为，"情节严重"并不是只指行为后果的严重性，反映该罪犯罪行为的社会危害性要素还有行为的方式，比如以暴力、威胁方法阻碍执行人员进入执行现场或者聚众哄闹、冲击执行现场，致使执行工作无法进行的，或者对执行人员进行侮辱、围攻、扣押、殴打，致使执行工作无法进行的，应认定为犯罪。《全国人民代表大会常务委员会关于〈中华人民共和国刑法〉第三百一十三条的解释》对"有能力执行而拒不执行；情节严重"列举了五种情形，其中第五种情形"其他有能力执行而拒不执行，情节严重的情形"是兜底条款。

在实践中还需要注意以下几点：第一，拒不执行判决、裁定罪的因果关系不因执行和解协议的达成而中断，换句话说，执行和解协议的达成并不能成为被执行人日后拒不执行而免受罪责的挡箭牌。根据法律规定，双方达成执行和解协议后，如果一方没有按照协议履行，则恢复对原生效法律文书的执行，此时执行和解协议当然不是被执行人履行的依据，原判决、裁定才是。实践中会出现被执行人出于拖延履行的实际目的，或者根

---

① 安凤德：《拒不执行判决、裁定罪的犯罪构成要素新论》，《学术论坛》2016年第2期。

本没有履行计划，而与申请执行人达成执行和解协议，但是又没有按照执行和解协议履行，那么在达成执行和解协议之前就存在拒不执行的行为，则此时应认定构成拒不执行判决、裁定罪。第二，对于以不作为的方式构成拒不执行判决、裁定罪的情况，根据刑法中关于不作为犯罪因果关系的判定准则，只要有充分的证据证明，但凡行为人实施了法律要求其履行的行为就不会出现生效的判决、裁定得不到履行的后果，而行为人却怠于履行，从而使自己不具备履行能力，符合拒不执行判决、裁定罪的构成要件，则可认定不作为与无法履行具有刑法上的因果关系。[①]第三，如果被执行人之前有转移、隐藏财产的行为致使判决、裁定不能执行，在无财产可供执行或者全部执行的情况下，积极采取其他措施履行法定义务，如果明显不能达到财产转移前的履行效果，不能消除隐藏、转移财产行为带来的不利后果，即不能使生效的判决、裁定得到履行，仍应认定先前隐藏、转移财产的行为与致使判决、裁定不能执行具有刑法上的因果关系，从而仍然构成拒不执行判决、裁定罪。[②]

对此，企业可以采取的合规行动主要包括以下几点：第一，建立健全企业内部合规监管机制，如设立合规部门、聘请合规顾问等。通过对企业各项经营活动进行全面监管和管理，确保企业的经营活动符合法律法规和道德规范，避免违法违规行为的发生。第二，加强合同管理，在合同中明确约定相关义务和责任，并建立合同履行监督机制，确保合同的有效履行。如果遇到合同履行类纠纷，应及时协商解决，避免因此类纠纷而被诉诸法院甚至败诉，进而带来拒不执行判决、裁定罪风险。此外，企业还应定期对合同进行评估，及时调整合同条款和约定，以符合法律法规和市场实际，这属于事前预防机制。第三，注重司法协助，诉讼中应积极履行相关义务，如提供证据、出庭作证等。同时，企业还应主动寻求司法协助，如申请司法鉴定、委托第三方执行等，避免因未履行司法协助义务而被认定为相关犯罪。企业还应定期与法院沟通，了解诉讼进展情况，及时处理

---

① 胡雁云：《刑法学专题理论研究》，法律出版社2014年版，第109页。

② 苑民丽：《刑法学研究新视野》，法律出版社2014年版，第118页。

案件。如果条件允许，企业可以聘请专业的法律顾问，寻求全面的法律服务和指导。例如，企业可以委托法律顾问审查合同、提供法律意见等，确保企业经营活动符合法律法规要求，及时预警潜在风险，避免产生不良后果。

（三）典型案例

案例一：在米某某拒不执行判决、裁定案①中，被告人米某某在判决生效后，将自己持有的公司股权转让到他人名下；拒绝履行财产申报义务，经法院采取罚款措施后仍拒不履行；在收取巨额租金后，偿还他人债务及地租款。米某某有能力执行而拒不执行生效判决的行为，既严重损害了司法权威，又侵害了申请人的合法财产权益，法院认定其构成拒不执行判决裁定罪。

案例二：在董某、章某拒不执行判决、裁定案②中，被告人恶意转移财产（将名下车辆无偿过户至第三人名下）、拒绝申报和不如实申报财产债权、与第三人串通以虚假诉讼的方式妨害执行，被法院认定为拒不执行判决、裁定罪。

案例三：在王某某拒不执行判决、裁定案③中，被告人王某某明知其和孙某某的民间借贷纠纷将要进入诉讼环节，为防止法院冻结其账户和执行其财产，故意转移、隐匿财产。在该案进入执行程序后，被告人王某某不如实报告自己的财产和一年来的财产变动情况，致使人民法院依法作出的具有执行内容并已发生法律效力的裁定得不到执行，严重影响了法院的执行工作和法律的严肃性以及申请执行人的合法权益，其行为构成拒不执行判决、裁定罪。

---

① 石家庄市藁城区人民法院(2019)冀0109刑初527号刑事判决书。

② 陕西省渭南市中级人民法院(2021)陕05刑终82号刑事裁定书。

③ 宁夏回族自治区固原市中级人民法院(2021)宁04刑终94号刑事判决书。

案例四：在胡某拒不执行判决、裁定案①中，Z公司在开发建设中卫市某小区项目期间，与J热力公司签订供用热力合同。施工结束后，Z公司支付了部分接暖入网费、工程费，剩余640687.60元未支付。J热力公司将Z公司起诉至法院。一审法院判决Z公司偿付J热力公司供热入网配套费640687.60元，利息43871.08元，共计684558.68元。Z公司对该判决不服，提起上诉。二审法院判决驳回上诉，维持原判。该判决生效后，Z公司未履行判决书确定的义务。J热力公司于2008年11月26日向法院申请强制执行，法院于同日立案，并于同年12月1日向Z公司送达了执行通知书。因Z公司不服判决申请再审，法院于2009年5月20日作出裁定，驳回Z公司的再审申请。

在该案一审审理期间，J热力公司于2008年4月17日向法院提出申请，对Z公司坐落在中卫市城区某小区2号楼第4、7、9、10、11、12、13号共计七套营业房及1号商住楼二单元401、402室进行财产保全，法院对上述房屋予以查封，并于2008年5月14日予以公告。

2009年3月4日，Z公司的法定代表人胡某1与J热力公司的负责人刘某在法院主持下达成执行和解协议：Z公司于2009年3月20日付J热力公司案件款的一半。若到期不能偿付，愿以被查封的六套营业房以双方商定的协议价每平方米1200元抵偿给J热力公司，剩下部分于同年4月底全部付清。胡某1表示保证按协议履行。但在同年3月5日，Z公司即向其债务人Y饭店发出通知称：将Z公司对Y饭店的到期债权全部转让给胡某2（系胡某1的堂兄）以偿还胡某2的借款，让Y饭店向胡某2履行还款义务。同年3月11日，Z公司法定代表人胡某1与胡某2签订了债权转让协议书，自愿将Z公司对Y饭店的到期债券2854614.07元及迟延履行的利息全部转让给胡某2以抵偿欠胡某2的债务。同日，胡某1委托其女儿胡某3将上述债权转让协议事项与胡某2在公证处进行公证。在公证过程中，隐瞒了Z公司对外负有债务及胡某1与胡某2系堂兄弟的事实。同日，胡某2向法院递交了变更执行申请人申请书，请求将Z公司申请执行Y饭店执行案件的申

① 宁夏回族自治区高级人民法院（2020）宁刑再2号刑事判决书。

请人变更为胡某2。同年3月13日，胡某2向法院申请强制执行。胡某2于2011年5月27日在法院将此案执行款的1504129.07元领走。胡某1还于2009年3月25日与其朋友章某签订股份转让协议，将其在Z公司96.15%的股份折合人民币625万元虚假无偿转让给章某1，将Z公司的债权债务全部转让给章某1，并办理了公司法定代表人变更登记，将公司法定代表人变更为章某1，致使法院生效判决、裁定无法执行。法院最终认定胡某1构成拒不执行判决、裁定罪。

十、污染环境罪

（一）相关的规范性文件

1.《中华人民共和国刑法》

第三百三十八条　违反国家规定，排放、倾倒或者处置有放射性的废物、含传染病病原体的废物、有毒物质或者其他有害物质，严重污染环境的，处三年以下有期徒刑或者拘役，并处或者单处罚金；情节严重的，处三年以上七年以下有期徒刑，并处罚金；有下列情形之一的，处七年以上有期徒刑，并处罚金：

（一）在饮用水水源保护区、自然保护地核心保护区等依法确定的重点保护区域排放、倾倒、处置有放射性的废物、含传染病病原体的废物、有毒物质，情节特别严重的；

（二）向国家确定的重要江河、湖泊水域排放、倾倒、处置有放射性的废物、含传染病病原体的废物、有毒物质，情节特别严重的；

（三）致使大量永久基本农田基本功能丧失或者遭受永久性破坏的；

（四）致使多人重伤、严重疾病，或者致人严重残疾、死亡的。

有前款行为，同时构成其他犯罪的，依照处罚较重的规定定罪处罚。

2.最高人民法院、最高人民检察院《关于办理环境污染刑事案件适用法律若干问题的解释》

为依法惩治环境污染犯罪,根据《中华人民共和国刑法》、《中华人民共和国刑事诉讼法》、《中华人民共和国环境保护法》等法律的有关规定,现就办理此类刑事案件适用法律的若干问题解释如下:

第一条 实施刑法第三百三十八条规定的行为,具有下列情形之一的,应当认定为"严重污染环境":

(一)在饮用水水源保护区、自然保护地核心保护区等依法确定的重点保护区域排放、倾倒、处置有放射性的废物、含传染病病原体的废物、有毒物质的;

(二)非法排放、倾倒、处置危险废物三吨以上的;

(三)排放、倾倒、处置含铅、汞、镉、铬、砷、铊、锑的污染物,超过国家或者地方污染物排放标准三倍以上的;

(四)排放、倾倒、处置含镍、铜、锌、银、钒、锰、钴的污染物,超过国家或者地方污染物排放标准十倍以上的;

(五)通过暗管、渗井、渗坑、裂隙、溶洞、灌注、非紧急情况下开启大气应急排放通道等逃避监管的方式排放、倾倒、处置有放射性的废物、含传染病病原体的废物、有毒物质的;

(六)二年内曾因在重污染天气预警期间,违反国家规定,超标排放二氧化硫、氮氧化物等实行排放总量控制的大气污染物受过二次以上行政处罚,又实施此类行为的;

(七)重点排污单位、实行排污许可重点管理的单位篡改、伪造自动监测数据或者干扰自动监测设施,排放化学需氧量、氨氮、二氧化硫、氮氧化物等污染物的;

(八)二年内曾因违反国家规定,排放、倾倒、处置有放射性的废物、含传染病病原体的废物、有毒物质受过二次以上行政处罚,又实施此类行为的;

（九）违法所得或者致使公私财产损失三十万元以上的；

（十）致使乡镇集中式饮用水水源取水中断十二小时以上的；

（十一）其他严重污染环境的情形。

第二条　实施刑法第三百三十八条规定的行为，具有下列情形之一的，应当认定为"情节严重"：

（一）在饮用水水源保护区、自然保护地核心保护区等依法确定的重点保护区域排放、倾倒、处置有放射性的废物、含传染病病原体的废物、有毒物质，造成相关区域的生态功能退化或者野生生物资源严重破坏的；

（二）向国家确定的重要江河、湖泊水域排放、倾倒、处置有放射性的废物、含传染病病原体的废物、有毒物质，造成相关水域的生态功能退化或者水生生物资源严重破坏的；

（三）非法排放、倾倒、处置危险废物一百吨以上的；

（四）违法所得或者致使公私财产损失一百万元以上的；

（五）致使县级城区集中式饮用水水源取水中断十二小时以上的；

（六）致使永久基本农田、公益林地十亩以上，其他农用地二十亩以上，其他土地五十亩以上基本功能丧失或者遭受永久性破坏的；

（七）致使森林或者其他林木死亡五十立方米以上，或者幼树死亡二千五百株以上的；

（八）致使疏散、转移群众五千人以上的；

（九）致使三十人以上中毒的；

（十）致使一人以上重伤、严重疾病或者三人以上轻伤的；

（十一）其他情节严重的情形。

第三条　实施刑法第三百三十八条规定的行为，具有下列情形之一的，应当处七年以上有期徒刑，并处罚金：

（一）在饮用水水源保护区、自然保护地核心保护区等依法确定的重点保护区域排放、倾倒、处置有放射性的废物、含传染病病原体的废物、有毒物质，具有下列情形之一的：

1.致使设区的市级城区集中式饮用水水源取水中断十二小时以上的；

2.造成自然保护地主要保护的生态系统严重退化，或者主要保护的自然景观损毁的；

3.造成国家重点保护的野生动植物资源或者国家重点保护物种栖息地、生长环境严重破坏的；

4.其他情节特别严重的情形。

（二）向国家确定的重要江河、湖泊水域排放、倾倒、处置有放射性的废物、含传染病病原体的废物、有毒物质，具有下列情形之一的：

1.造成国家确定的重要江河、湖泊水域生态系统严重退化的；

2.造成国家重点保护的野生动植物资源严重破坏的；

3.其他情节特别严重的情形。

（三）致使永久基本农田五十亩以上基本功能丧失或者遭受永久性破坏的；

（四）致使三人以上重伤、严重疾病，或者一人以上严重残疾、死亡的。

第四条　实施刑法第三百三十九条第一款规定的行为，具有下列情形之一的，应当认定为"致使公私财产遭受重大损失或者严重危害人体健康"：

（一）致使公私财产损失一百万元以上的；

（二）具有本解释第二条第五项至第十项规定情形之一的；

（三）其他致使公私财产遭受重大损失或者严重危害人体健康的情形。

第五条　实施刑法第三百三十八条、第三百三十九条规定的犯罪行为，具有下列情形之一的，应当从重处罚：

（一）阻挠环境监督检查或者突发环境事件调查，尚不构成妨害公务等犯罪的；

（二）在医院、学校、居民区等人口集中地区及其附近，违反国家规定排放、倾倒、处置有放射性的废物、含传染病病原体的废物、有毒物质或者其他有害物质的；

（三）在突发环境事件处置期间或者被责令限期整改期间，违反国家

规定排放、倾倒、处置有放射性的废物、含传染病病原体的废物、有毒物质或者其他有害物质的;

(四)具有危险废物经营许可证的企业违反国家规定排放、倾倒、处置有放射性的废物、含传染病病原体的废物、有毒物质或者其他有害物质的;

(五)实行排污许可重点管理的企业事业单位和其他生产经营者未依法取得排污许可证,排放、倾倒、处置有放射性的废物、含传染病病原体的废物、有毒物质或者其他有害物质的。

第六条 实施刑法第三百三十八条规定的行为,行为人认罪认罚,积极修复生态环境,有效合规整改的,可以从宽处罚;犯罪情节轻微的,可以不起诉或者免予刑事处罚;情节显著轻微危害不大的,不作为犯罪处理。

第七条 无危险废物经营许可证从事收集、贮存、利用、处置危险废物经营活动,严重污染环境的,按照污染环境罪定罪处罚;同时构成非法经营罪的,依照处罚较重的规定定罪处罚。

实施前款规定的行为,不具有超标排放污染物、非法倾倒污染物或者其他违法造成环境污染的情形的,可以认定为非法经营情节显著轻微危害不大,不认为是犯罪;构成生产、销售伪劣产品等其他犯罪的,以其他犯罪论处。

第八条 明知他人无危险废物经营许可证,向其提供或者委托其收集、贮存、利用、处置危险废物,严重污染环境的,以共同犯罪论处。

第九条 违反国家规定,排放、倾倒、处置含有毒害性、放射性、传染病病原体等物质的污染物,同时构成污染环境罪、非法处置进口的固体废物罪、投放危险物质罪等犯罪的,依照处罚较重的规定定罪处罚。

第十条 承担环境影响评价、环境监测、温室气体排放检验检测、排放报告编制或者核查等职责的中介组织的人员故意提供虚假证明文件,具有下列情形之一的,应当认定为刑法第二百二十九条第一款规定的"情节严重":

（一）违法所得三十万元以上的；

（二）二年内曾因提供虚假证明文件受过二次以上行政处罚，又提供虚假证明文件的；

（三）其他情节严重的情形。

实施前款规定的行为，在涉及公共安全的重大工程、项目中提供虚假的环境影响评价等证明文件，致使公共财产、国家和人民利益遭受特别重大损失的，应当依照刑法第二百二十九条第一款的规定，处五年以上十年以下有期徒刑，并处罚金。

实施前两款规定的行为，同时索取他人财物或者非法收受他人财物构成犯罪的，依照处罚较重的规定定罪处罚。

第十一条 违反国家规定，针对环境质量监测系统实施下列行为，或者强令、指使、授意他人实施下列行为，后果严重的，应当依照刑法第二百八十六条的规定，以破坏计算机信息系统罪定罪处罚：

（一）修改系统参数或者系统中存储、处理、传输的监测数据的；

（二）干扰系统采样，致使监测数据因系统不能正常运行而严重失真的；

（三）其他破坏环境质量监测系统的行为。

重点排污单位、实行排污许可重点管理的单位篡改、伪造自动监测数据或者干扰自动监测设施，排放化学需氧量、氨氮、二氧化硫、氮氧化物等污染物，同时构成污染环境罪和破坏计算机信息系统罪的，依照处罚较重的规定定罪处罚。

从事环境监测设施维护、运营的人员实施或者参与实施篡改、伪造自动监测数据、干扰自动监测设施、破坏环境质量监测系统等行为的，依法从重处罚。

第十二条 对于实施本解释规定的相关行为被不起诉或者免予刑事处罚的行为人，需要给予行政处罚、政务处分或者其他处分的，依法移送有关主管机关处理。有关主管机关应当将处理结果及时通知人民检察院、人民法院。

第十三条 单位实施本解释规定的犯罪的，依照本解释规定的定罪量刑标准，对直接负责的主管人员和其他直接责任人员定罪处罚，并对单位判处罚金。

第十四条 环境保护主管部门及其所属监测机构在行政执法过程中收集的监测数据，在刑事诉讼中可以作为证据使用。

公安机关单独或者会同环境保护主管部门，提取污染物样品进行检测获取的数据，在刑事诉讼中可以作为证据使用。

第十五条 对国家危险废物名录所列的废物，可以依据涉案物质的来源、产生过程、被告人供述、证人证言以及经批准或者备案的环境影响评价文件、排污许可证、排污登记表等证据，结合环境保护主管部门、公安机关等出具的书面意见作出认定。

对于危险废物的数量，依据案件事实，综合被告人供述、涉案企业的生产工艺、物耗、能耗情况，以及经批准或者备案的环境影响评价文件等证据作出认定。

第十六条 对案件所涉的环境污染专门性问题难以确定的，依据鉴定机构出具的鉴定意见，或者国务院环境保护主管部门、公安部门指定的机构出具的报告，结合其他证据作出认定。

第十七条 下列物质应当认定为刑法第三百三十八条规定的"有毒物质"：

（一）危险废物，是指列入国家危险废物名录，或者根据国家规定的危险废物鉴别标准和鉴别方法认定的，具有危险特性的固体废物；

（二）《关于持久性有机污染物的斯德哥尔摩公约》附件所列物质；

（三）重金属含量超过国家或者地方污染物排放标准的污染物；

（四）其他具有毒性，可能污染环境的物质。

第十八条 无危险废物经营许可证，以营利为目的，从危险废物中提取物质作为原材料或者燃料，并具有超标排放污染物、非法倾倒污染物或者其他违法造成环境污染的情形的行为，应当认定为"非法处置危险废物"。

第十九条　本解释所称"二年内"，以第一次违法行为受到行政处罚的生效之日与又实施相应行为之日的时间间隔计算确定。

本解释所称"重点排污单位"，是指设区的市级以上人民政府环境保护主管部门依法确定的应当安装、使用污染物排放自动监测设备的重点监控企业及其他单位。

本解释所称"违法所得"，是指实施刑法第二百二十九条、第三百三十八条、第三百三十九条规定的行为所得和可得的全部违法收入。

本解释所称"公私财产损失"，包括实施刑法第三百三十八条、第三百三十九条规定的行为直接造成财产损毁、减少的实际价值，为防止污染扩大、消除污染而采取必要合理措施所产生的费用，以及处置突发环境事件的应急监测费用。

本解释所称"无危险废物经营许可证"，是指未取得危险废物经营许可证，或者超出危险废物经营许可证的经营范围。

第二十条　本解释自 2023 年 8 月 15 日起施行。本解释施行后，《最高人民法院、最高人民检察院关于办理环境污染刑事案件适用法律若干问题的解释》（法释〔2016〕29 号）同时废止；之前发布的司法解释与本解释不一致的，以本解释为准。

3.最高人民检察院、公安部《关于公安机关管辖的刑事案件立案追诉标准的规定（一）的补充规定》

十、将《立案追诉标准（一）》第六十条修改为：〔污染环境案（《刑法》第三百三十八条）〕违反国家规定，排放、倾倒或者处置有放射性的废物、含传染病病原体的废物、有毒物质或者其他有害物质，涉嫌下列情形之一的，应予立案追诉：

（一）在饮用水水源一级保护区、自然保护区核心区排放、倾倒、处置有放射性的废物、含传染病病原体的废物、有毒物质的；

（二）非法排放、倾倒、处置危险废物三吨以上的；

（三）排放、倾倒、处置含铅、汞、镉、铬、砷、铊、锑的污染物，超过国家或者地方污染物排放标准3倍以上的；

（四）排放、倾倒、处置含镍、铜、锌、银、钒、锰、钴的污染物，超过国家或者地方污染物排放标准10倍以上的；

（五）通过暗管、渗井、渗坑、裂隙、溶洞、灌注等逃避监管的方式排放、倾倒、处置有放射性的废物、含传染病病原体的废物、有毒物质的；

（六）二年内曾因违反国家规定，排放、倾倒、处置有放射性的废物、含传染病病原体的废物、有毒物质受过2次以上行政处罚，又实施前列行为的；

（七）重点排污单位篡改、伪造自动监测数据或者干扰自动监测设施，排放化学需氧量、氨氮、二氧化硫、氮氧化物等污染物的；

（八）违法减少防治污染设施运行支出100万元以上的；

（九）违法所得或者致使公私财产损失30万元以上的；

（十）造成生态环境严重损害的；

（十一）致使乡镇以上集中式饮用水水源取水中断12小时以上的；

（十二）致使基本农田、防护林地、特种用途林地5亩以上，其他农用地10亩以上，其他土地20亩以上基本功能丧失或者遭受永久性破坏的；

（十三）致使森林或者其他林木死亡50立方米以上，或者幼树死亡2500株以上的；

（十四）致使疏散、转移群众5千人以上的；

（十五）致使30人以上中毒的；

（十六）致使3人以上轻伤、轻度残疾或者器官组织损伤导致一般功能障碍的；

（十七）致使1人以上重伤、中度残疾或者器官组织损伤导致严重功能障碍的；

（十八）其他严重污染环境的情形。

本条规定的"有毒物质"，包括列入国家危险废物名录或者根据国家规定的危险废物鉴别标准和鉴别方法认定的具有危险特性的废物，《关于持久性有机污染物的斯德哥尔摩公约》附件所列物质，含重金属的污染物，以及其他具有毒性可能污染环境的物质。

本条规定的"非法处置危险废物"，包括无危险废物经营许可证，以营利为目的，从危险废物中提取物质作为原材料或者燃料，并具有超标排放污染物、非法倾倒污染物或者其他违法造成环境污染情形的行为。

本条规定的"重点排污单位"，是指设区的市级以上人民政府环境保护主管部门依法确定的应当安装、使用污染物排放自动监测设备的重点监控企业及其他单位。

本条规定的"公私财产损失"，包括直接造成财产损毁、减少的实际价值，为防止污染扩大、消除污染而采取必要合理措施所产生的费用，以及处置突发环境事件的应急监测费用。

本条规定的"生态环境损害"，包括生态环境修复费用，生态环境修复期间服务功能的损失和生态环境功能永久性损害造成的损失，以及其他必要合理费用。

本条规定的"无危险废物经营许可证"，是指未取得危险废物经营许可证，或者超出危险废物经营许可证的经营范围。

（二）罪状阐述

人们对环境的认知经历了从"征服"到"保护"的转变，认知的转变随之影响了对破坏环境行为的定义与定性，从而带来了对环境犯罪本质的理解的转型。在这种转型与过渡时期，各国对污染环境相关行为的惩治力度和范围都在逐渐增加。事实上，虽然生态环境损害的证据已经很多，但犯罪学和刑法学目前仍侧重研究传统的、常见多发的犯罪的预防，网络犯罪的界定及刑事司法的公正等，而对于环境破坏行为的认识仍然不够深入。随着生态环境犯罪的危害日益加剧，生态环境保护面临严峻形势，我国对污染环境、破坏生态犯罪愈发重视，2011年《刑法修正案（八）》将"重大环境污染事故罪"修正为"污染环境罪"，将犯罪的既遂形态从重大环境污染事故罪的结果犯调整为污染环境罪的行为犯，实现刑法干预在时间维度上的前置。2021年《刑法修正案（十一）》再次对污染环境罪进行修正，将污染环境罪的法定最高刑从原本的七年有期徒刑提高到十五年有期徒刑。增设"破坏自然保护地罪"，实现对自然保护地生态环境的保护。违反自然保护地管理法规，在国家公园、国家级自然保护区进行开垦、开发活动或者修建建筑物，造成严重后果或者有其他恶劣情节的，处五年以下有期徒刑或者拘役，并处或者单处罚金。实现刑法对非人本法益植物群落之美的保护。增设"非法引进、释放、丢弃外来入侵物种罪"，在生物多样性方面落实了刑事保护。

"重大环境污染事故罪"修正为"污染环境罪"，在罪名上去掉了"重大"这一情节要件意味着拓宽了保护范围，降低了客观方面构成犯罪的标准，模糊了主观方面的罪过。通过这一修正，我国开启了对环境犯罪刑法处罚早期化在个罪上的实践，可以看出环境污染刑事立法的趋向。此外，因为罪名的变化，入罪的实质性标准也进行了调整。原本的入罪门槛"造成重大环境污染事故，致使公私财产遭受重大损失或者人身伤亡的严重后果的"被调整为"严重污染环境"。这一修正被认为是刑法干预前置化的最明显证明。因为犯罪既遂形态从结果犯变更为行为犯，将犯罪成立的时间点前移到只要污染行为实施完毕，出现污染的状态即可。也正因为如此，有学者认为，污染环境的行为相对于严重污染环境的结果来说，完全可能是行为犯，即只要实施了非法排放、倾倒、处置危险废物的行为，污染环境的结果就会同时发生。[①]此外，根据《刑法修正案（八）》的修改，污染环境罪的对象不再限于土地、水体和大气三种环境对象，给其他环境对象造成污染的，也可以构成本罪。2019年，为更有针对性地解决突出的环境犯罪问题，更大发挥生态对经济、民生、社会等方面的积极影响，《关于办理环境污染刑事案件有关问题座谈会纪要》进一步明确了污染环境犯罪相关问题的认定，例如污染环境罪的未遂情形、污染环境罪的管辖问题、污染环境罪的有关证据资格认定问题等，随之就有了《刑法修正案

---

① 参见张明楷：《污染环境罪的争议问题》，《法学评论》2018年第2期。

（十一）》对污染环境罪法定刑的增加。

需要提及的是，有学者提出作为刑法归责新模式的累积犯，即多个行为累积而成的损害结果无法直接归属到其中任何一个行为主体，认为污染环境罪属于累积犯，这突破了传统的犯罪归责类型，其正当性、合法性在理论界充满争议。例如，认为累积犯并没有对保护法益造成实际侵害，累积犯缺乏教义学的责任根基，累积犯违反了微罪不罚的原则等。而对于污染环境罪所保护的法益，学界也存在不同观点。第一，以纯粹人类为中心的法益观点认为，环境保护以人类为前提，环境只是因为给人类提供了基本的生活基础，因而才受到刑法保护，所以，只能以人类为中心来理解环境犯罪的保护法益。环境自身不是保护法益，只是行为对象；环境刑法的目的与作用在于保护人的生命、身体、健康法益免受被污染的环境的危害，因此只有人的生命、身体、健康才是环境犯罪最根本要保护的法益。根据这种观点，只有当环境污染行为具有间接地侵害人的生命、身体、健康的危险时，才能成立环境犯罪；与生命、身体、健康没有关系的环境，即使是公共利益，也不是刑法所保护的法益。第二，以纯粹生态为中心的法益观点（也称环境中心主义的法益论）认为，环境犯罪的保护法益就是生态学的环境本身（水、土壤、空气）以及其他环境利益（动物、植物）。也就是说，环境资源本身就是刑法所要保护的对象，具有刑法上的独立意义与价值，之所以设立环境犯罪，是因为保护环境本身就是目的，而不是手段性地通过惩罚破坏环境的行为来保护人的生命、健康和财产。[①]第三，生态学的人类中心法益论认为，水、空气、土壤、植物、动物等作为独立的生态学的法益，应当得到认可，但是，只有当环境作为人的基本的生活基础而发挥机能时，才值得刑法保护。换言之，只有存在与现存人以及未来人的环境条件的保全相关的利益时，环境才成为独立的保护法益。据此，这个观点实际上是将保护法益前移，其宗旨是为了人类的生物学的发展，将危险回避作为人类命运共同体的任务。因此，根据该观点，环境刑法的保护法益，是具有作为人类的基本生活基础的机能的环境，其本质上

---

① 王勇：《环境犯罪立法：理念转换与趋势前瞻》，《当代法学》2014年第3期。

仍然是人类中心主义。

有学者认为，从罪状上看，《刑法》第三百三十八条中的"严重污染环境"表述，既包括行为给环境本身造成严重污染，也包括行为因为污染环境而给人的生命、身体、健康造成严重危险以及实害的情形。一方面，即使没有直接对人的生命、身体、健康造成严重危险或者实害，但只要给环境本身造成了严重的污染，当然可谓严重污染环境。另一方面，即使该污染对环境本身的污染似乎不严重，但如果对人的生命、身体、健康等产生了严重危险或者对人们的生活产生了严重影响时，也可以认定为"严重污染环境"。因此，采取生态学的人类中心的法益论与《刑法》第三百三十八条的规定相吻合。①

在具体构成要件上要注意的是，污染环境罪中"排放、倾倒、处置"的是"有害物质"。注意"有害物质"的范围比"危险废物"广。在犯罪构成的结果上，只要行为人造成了"严重污染环境"的后果，无论其是否致使公私财产遭受重大损失或造成他人人身伤亡，均不影响定罪。此外，《刑法修正案（十一）》给本罪增加了四种加重处罚情节，并明确了想象竞合的处罚规则。加重处罚情节包括：（1）在饮用水水源保护区、自然保护地核心保护区等依法确定的重点保护区域排放、倾倒、处置有放射性的废物、含传染病病原体的废物、有毒物质，情节特别严重的；（2）向国家确定的重要江河、湖泊水域排放、倾倒、处置有放射性的废物、含传染病病原体的废物、有毒物质，情节特别严重的；（3）致使大量永久基本农田基本功能丧失或者遭受永久性破坏的；（4）致使多人重伤、严重疾病，或者致人严重残疾、死亡的。

需要注意，污染环境罪的基本犯的责任形式只能是故意，不可能是过失，因而也不能采取混合说或者模糊罪过说。如果过失行为造成了危害公共安全的结果，有可能被认定为过失危害公共安全的犯罪。当然，由于本罪的危害结果比较复杂，所以，不要求行为人对污染环境的具体结果有确定的认识，只要行为人明知自己的行为可能发生污染环境的结果，并且希

① 张明楷：《污染环境罪的争议问题》，《法学评论》2018年第2期。

望或者放任这种结果发生，即成立本罪的故意。

此外，环境影响评价（环评）机构或其工作人员，故意提供虚假环境影响评价文件，情节严重的，或者严重不负责任，出具的环境影响评价文件存在重大失实，造成严重后果的，应当依照《刑法》第二百二十九条第一、三款的规定，以提供虚假证明文件罪或者出具证明文件重大失实罪定罪处罚。而违反国家规定，针对环境质量监测系统实施下列行为，或者强令、指使、授意他人实施下列行为的，应当依照《刑法》第二百八十六条的规定，以破坏计算机信息系统罪论处：（1）修改参数或者监测数据的；（2）干扰采样，致使监测数据严重失真的；（3）其他破坏环境质量检测系统的行为。而重点排污单位篡改、伪造自动监测数据或者干扰自动监测设施，排放化学需氧量、氨氮、二氧化硫、氮氧化物等污染物，同时构成污染环境罪和破坏计算机信息系统罪的，依照处罚较重的规定定罪处罚。按照司法解释，明知他人无危险废物经营许可证，向其提供或者委托其收集、贮存、利用、处置危险废物，严重污染环境的，以共同犯罪论处。同时也据此可知，本罪是故意犯罪。

随着对环境认识的深入，环境可以包括影响人类生存与发展的各种天然资源及经过人为影响的自然因素的总称，包括阳光、空气、水、土壤、陆地、矿产、森林、野生生物、景观及社会经济、文化、人文史迹等。环境污染行为的多样性、复杂性以及危害后果的扩散性、系统性决定了不应当对其对象或污染范围做任何限制。比如，有学者指出，由于猪粪在堆放过程中会产生多种化学气体从而对环境以及周围的居民造成伤害，所以，即使是一个合法运行的养猪场依然有可能构成污染环境罪。

与防范其他类型犯罪不同，针对污染环境罪，企业在相关合规行动上可以采取以下措施：一是认真学习《环境保护法》及相关法律法规，切实增强环保意识。企业应充分了解本行业领域的环保法律法规和相关标准，并尽可能地将相关标准融入企业内部规章制度，建立完善的企业内部环保制度，明确专人负责，推进责任落实。二是建立风险防控机制，完善和改造环保设施。企业可以利用最新的环保技术，如膜技术、生物

环保技术，如膜技术、生物处理技术、燃烧技术等，对企业的污染源进行净化处理，以达到环保要求。

在技术上，企业可以利用以下技术手段，进一步完善上述措施。一是利用大数据技术，对环保数据进行全面地分析和挖掘。通过对环保数据的分析，企业可以发现环境风险隐患，并及时采取措施进行治理。此外，企业还可以利用大数据技术，对供应链进行分析和管理，从而确保供应链的环保合规性。二是利用人工智能技术，对环保数据进行自动化处理和分析。通过对数据的处理和分析，企业可以快速发现环境风险隐患，并及时采取措施进行治理。此外，企业还可以利用人工智能技术，对环保设施进行自动化控制和优化，提高环保设施的效率和减排能力。三是利用物联网技术，实现污染源的远程监测和控制。通过对污染源的远程监测和控制，企业可以减少人工操作，提高环保效率。此外，企业还可以利用物联网技术，对环境风险进行实时监测和预警，及时采取措施进行治理。

（三）典型案例

案例一：在重庆L医用输液瓶回收有限公司、关某等污染环境案①中，被告人易某从使用L公司营业执照人员处收购混有使用过的针头、棉签等废物的玻璃输液瓶瓶盖并处置。2018年5月至6月，被告人易某因厂房拆迁，经关某同意后将上述尚未处置的瓶盖存放至L公司。2018年11月，被告人关某明知李某没有危险废物经营许可证，介绍易某将其存放在L公司的玻璃输液瓶瓶盖出售给李某以赚取差价。在该案中，被告单位及被告人的辩护人提出鉴别报告不符合危险废物鉴别规范。但法院认为本案中相关单位和人员在没有取得医疗废物经营许可证的情况下，非法从事医疗废物的处置，造成环境污染，依法应当承担刑事责任。首先，根据最高人民法院、最高人民检察院《关于办理环境污染刑事案件适用法律若干问题的解释》的规定，对于涉及环境污染的专门性问题，可以由国务院环境保护主

---

① 重庆市渝北区人民法院(2020)渝0112刑初231号刑事判决书。

管部门指定机构出具报告，本案中作出鉴别报告的某科学研究所是生态环境部、海关总署推荐的固体废物属性鉴别机构，该机构具有鉴别涉案废物属性的资质。其次，《国家危险废物名录》规定危险废物的危险特性包括腐蚀性、毒性、易燃性、反应性和感染性，《危险废物鉴别标准通则》规定了危险废物的鉴别程序、危险废物混合后判定规则，即列入《国家危险废物名录》的固体废物属于危险废物，不需要进行危险特性鉴别，对未列入《国家危险废物名录》但不排除具有腐蚀性、毒性、易燃性、反应性的固体废物才应按照《危险废物鉴别技术规范》通过采样监测的方式进行鉴别，也就是说危险废物的鉴别并非必须采样监测。本案中被病人血液、体液、排泄物污染的物品如棉签、纱布等属于感染性医疗废物，医用针头属于损伤性医疗废物，而医疗废物均属于危险废物，因此鉴别机构进行鉴别时不需采样，该次鉴别程序没有违反国家规定的危险废物鉴别标准和鉴别方法。最后，鉴别机构作出鉴别报告后，由于《危险废物鉴别标准通则》进行了修订并于2020年1月1日开始实施，该单位受托按照修订后的《危险废物鉴别标准通则》再次进行鉴别，该次鉴别程序并无不当，因此对该意见不予采纳。

案例二：在K公司、赵某等污染环境案[①]中，被告单位K公司违反广东省固体废物转让的相关规定，没有在广东省固体废物信息管理平台上办理相关手续，致使该公司267.5吨危险废物电镀工业污泥被同案人石某运走，脱离环保等相关部门的监管，导致同案人石某在贮存处置上述267.5吨危险废物过程中，严重污染环境，构成污染环境罪。被告人赵某作为该公司的法定代表人对公司疏于管理，且在明知同案人石某没有处置危险废物的相关资质的情况下，仍然向其支付污泥处置费用，放任石某违法处置上述危险废物，以致造成严重污染环境的后果，其行为亦构成污染环境罪。被告人李某明知同案人吴某、谢某非法运输贮存的电镀工业污泥含有铜、镍还多次提供联系，致使同案人吴某、谢某在贮存处置危险废物过程

---

① 湖南省嘉禾县人民法院(2020)湘1024刑初55号刑事判决书；湖南省郴州市中级人民法院(2021)湘10刑终105号刑事判决书。

中，严重污染环境，其行为亦构成污染环境罪。二审法院认为，赵某作为K公司的法定代表人及经营者，对包括危险废物转移的联单管理等各项环保制度和要求显然应当具备与其职业相应的认知，石某曾居间介绍K公司与J公司签订危险废物处理处置服务合同，该合同对回收废物的收费标准、交接事项、费用结算等均有相应的约定，特别是对转移废物的事前申报、交接查验有详细的约定。K公司疏于管理，违反固体废物转移相关规定及合同约定，未认真履行交接查验义务，在未登录广东省固体废物信息管理平台创建联单将危险废物转移信息提交系统并发送给接收单位的情况下，致使公司267.5吨危险废物脱离环保监管被石某运走。最终法院判处K公司、赵某构成污染环境罪。

案例三：在阚某污染环境案①中，被告人阚某无证经营电镀铁丝加工厂。生产过程中将溢出的镀锌清洗废水经塑料管排入厂房南侧地下排水沟的塑料桶内并循环使用。在操作过程中有时因工人操作不当会出现少量清洗液洒落至塑料桶外的排水沟内。经检测，该加工厂北侧清洗槽内重金属锌的数值超过国家规定标准（1.5mg / L）的2439倍。经对放置回收清洗废水的塑料桶的地下土壤取样检测，该土壤土样未受到镀锌清洗废水溢出可能导致的重金属污染。公诉机关指控被告人阚某违反国家规定，排放有害物质，严重污染环境，构成污染环境罪。被告人阚某辩称，只是在换清洗池下面接着的塑料桶时可能少量滴落到地上，没有严重污染环境。法院审理后认为，被告人非法排放有害物质，严重污染环境，其行为已构成污染环境罪。

---

① 河北省迁安市人民法院（2015）安刑初字第113号刑事判决书。

十一、帮助信息网络犯罪活动罪

（一）相关的规范性文件

1.《中华人民共和国刑法》

第二百八十七条之二　明知他人利用信息网络实施犯罪，为其犯罪提供互联网接入、服务器托管、网络存储、通讯传输等技术支持，或者提供广告推广、支付结算等帮助，情节严重的，处三年以下有期徒刑或者拘役，并处或者单处罚金。

单位犯前款罪的，对单位判处罚金，并对其直接负责的主管人员和其他直接责任人员，依照第一款的规定处罚。

有前两款行为，同时构成其他犯罪的，依照处罚较重的规定定罪处罚。

2.最高人民法院、最高人民检察院《关于办理非法利用信息网络、帮助信息网络犯罪活动等刑事案件适用法律若干问题的解释》

第一条　提供下列服务的单位和个人，应当认定为刑法第二百八十六条之一第一款规定的"网络服务提供者"：

（一）网络接入、域名注册解析等信息网络接入、计算、存储、传输服务；

（二）信息发布、搜索引擎、即时通讯、网络支付、网络预约、网络购物、网络游戏、网络直播、网站建设、安全防护、广告推广、应用商店等信息网络应用服务；

（三）利用信息网络提供的电子政务、通信、能源、交通、水利、金融、教育、医疗等公共服务。

第二条 刑法第二百八十六条之一第一款规定的"监管部门责令采取改正措施"，是指网信、电信、公安等依照法律、行政法规的规定承担信息网络安全监管职责的部门，以责令整改通知书或者其他文书形式，责令网络服务提供者采取改正措施。

认定"经监管部门责令采取改正措施而拒不改正"，应当综合考虑监管部门责令改正是否具有法律、行政法规依据，改正措施及期限要求是否明确、合理，网络服务提供者是否具有按照要求采取改正措施的能力等因素进行判断。

第三条 拒不履行信息网络安全管理义务，具有下列情形之一的，应当认定为刑法第二百八十六条之一第一款第一项规定的"致使违法信息大量传播"：

（一）致使传播违法视频文件二百个以上的；

（二）致使传播违法视频文件以外的其他违法信息二千个以上的；

（三）致使传播违法信息，数量虽未达到第一项、第二项规定标准，但是按相应比例折算合计达到有关数量标准的；

（四）致使向二千个以上用户账号传播违法信息的；

（五）致使利用群组成员账号数累计三千以上的通讯群组或者关注人员账号数累计三万以上的社交网络传播违法信息的；

（六）致使违法信息实际被点击数达到五万以上的；

（七）其他致使违法信息大量传播的情形。

第四条 拒不履行信息网络安全管理义务，致使用户信息泄露，具有下列情形之一的，应当认定为刑法第二百八十六条之一第一款第二项规定的"造成严重后果"：

（一）致使泄露行踪轨迹信息、通信内容、征信信息、财产信息五百条以上的；

（二）致使泄露住宿信息、通信记录、健康生理信息、交易信息等其他可能影响人身、财产安全的用户信息五千条以上的；

（三）致使泄露第一项、第二项规定以外的用户信息五万条以上的；

（四）数量虽未达到第一项至第三项规定标准，但是按相应比例折算合计达到有关数量标准的；

（五）造成他人死亡、重伤、精神失常或者被绑架等严重后果的；

（六）造成重大经济损失的；

（七）严重扰乱社会秩序的；

（八）造成其他严重后果的。

第五条　拒不履行信息网络安全管理义务，致使影响定罪量刑的刑事案件证据灭失，具有下列情形之一的，应当认定为刑法第二百八十六条之一第一款第三项规定的"情节严重"：

（一）造成危害国家安全犯罪、恐怖活动犯罪、黑社会性质组织犯罪、贪污贿赂犯罪案件的证据灭失的；

（二）造成可能判处五年有期徒刑以上刑罚犯罪案件的证据灭失的；

（三）多次造成刑事案件证据灭失的；

（四）致使刑事诉讼程序受到严重影响的；

（五）其他情节严重的情形。

第六条　拒不履行信息网络安全管理义务，具有下列情形之一的，应当认定为刑法第二百八十六条之一第一款第四项规定的"有其他严重情节"：

（一）对绝大多数用户日志未留存或者未落实真实身份信息认证义务的；

（二）二年内经多次责令改正拒不改正的；

（三）致使信息网络服务被主要用于违法犯罪的；

（四）致使信息网络服务、网络设施被用于实施网络攻击，严重影响生产、生活的；

（五）致使信息网络服务被用于实施危害国家安全犯罪、恐怖活动犯罪、黑社会性质组织犯罪、贪污贿赂犯罪或者其他重大犯罪的；

（六）致使国家机关或者通信、能源、交通、水利、金融、教育、医疗等领域提供公共服务的信息网络受到破坏，严重影响生产、生活的；

（七）其他严重违反信息网络安全管理义务的情形。

第七条 刑法第二百八十七条之一规定的"违法犯罪"，包括犯罪行为和属于刑法分则规定的行为类型但尚未构成犯罪的违法行为。

第八条 以实施违法犯罪活动为目的而设立或者设立后主要用于实施违法犯罪活动的网站、通讯群组，应当认定为刑法第二百八十七条之一第一款第一项规定的"用于实施诈骗、传授犯罪方法、制作或者销售违禁物品、管制物品等违法犯罪活动的网站、通讯群组"。

第九条 利用信息网络提供信息的链接、截屏、二维码、访问账号密码及其他指引访问服务的，应当认定为刑法第二百八十七条之一第一款第二项、第三项规定的"发布信息"。

第十条 非法利用信息网络，具有下列情形之一的，应当认定为刑法第二百八十七条之一第一款规定的"情节严重"：

（一）假冒国家机关、金融机构名义，设立用于实施违法犯罪活动的网站的；

（二）设立用于实施违法犯罪活动的网站，数量达到三个以上或者注册账号数累计达到二千以上的；

（三）设立用于实施违法犯罪活动的通讯群组，数量达到五个以上或者群组成员账号数累计达到一千以上的；

（四）发布有关违法犯罪的信息或者为实施违法犯罪活动发布信息，具有下列情形之一的：

1.在网站上发布有关信息一百条以上的；

2.向二千个以上用户账号发送有关信息的；

3.向群组成员数累计达到三千以上的通讯群组发送有关信息的；

4.利用关注人员账号数累计达到三万以上的社交网络传播有关信息的；

（五）违法所得一万元以上的；

（六）二年内曾因非法利用信息网络、帮助信息网络犯罪活动、危害计算机信息系统安全受过行政处罚，又非法利用信息网络的；

（七）其他情节严重的情形。

第十一条 为他人实施犯罪提供技术支持或者帮助，具有下列情形之一的，可以认定行为人明知他人利用信息网络实施犯罪，但是有相反证据的除外：

（一）经监管部门告知后仍然实施有关行为的；

（二）接到举报后不履行法定管理职责的；

（三）交易价格或者方式明显异常的；

（四）提供专门用于违法犯罪的程序、工具或者其他技术支持、帮助的；

（五）频繁采用隐蔽上网、加密通信、销毁数据等措施或者使用虚假身份，逃避监管或者规避调查的；

（六）为他人逃避监管或者规避调查提供技术支持、帮助的；

（七）其他足以认定行为人明知的情形。

第十二条 明知他人利用信息网络实施犯罪，为其犯罪提供帮助，具有下列情形之一的，应当认定为刑法第二百八十七条之二第一款规定的"情节严重"：

（一）为三个以上对象提供帮助的；

（二）支付结算金额二十万元以上的；

（三）以投放广告等方式提供资金五万元以上的；

（四）违法所得一万元以上的；

（五）二年内曾因非法利用信息网络、帮助信息网络犯罪活动、危害计算机信息系统安全受过行政处罚，又帮助信息网络犯罪活动的；

（六）被帮助对象实施的犯罪造成严重后果的；

（七）其他情节严重的情形。

实施前款规定的行为，确因客观条件限制无法查证被帮助对象是否达到犯罪的程度，但相关数额总计达到前款第二项至第四项规定标准五倍以上，或者造成特别严重后果的，应当以帮助信息网络犯罪活动罪追究行为人的刑事责任。

第十三条　被帮助对象实施的犯罪行为可以确认，但尚未到案、尚未依法裁判或者因未达到刑事责任年龄等原因依法未予追究刑事责任的，不影响帮助信息网络犯罪活动罪的认定。

第十四条　单位实施本解释规定的犯罪的，依照本解释规定的相应自然人犯罪的定罪量刑标准，对直接负责的主管人员和其他直接责任人员定罪处罚，并对单位判处罚金。

第十五条　综合考虑社会危害程度、认罪悔罪态度等情节，认为犯罪情节轻微的，可以不起诉或者免予刑事处罚；情节显著轻微危害不大的，不以犯罪论处。

第十六条　多次拒不履行信息网络安全管理义务、非法利用信息网络、帮助信息网络犯罪活动构成犯罪，依法应当追诉的，或者二年内多次实施前述行为未经处理的，数量或者数额累计计算。

第十七条　对于实施本解释规定的犯罪被判处刑罚的，可以根据犯罪情况和预防再犯罪的需要，依法宣告职业禁止；被判处管制、宣告缓刑的，可以根据犯罪情况，依法宣告禁止令。

第十八条　对于实施本解释规定的犯罪的，应当综合考虑犯罪的危害程度、违法所得数额以及被告人的前科情况、认罪悔罪态度等，依法判处罚金。

（二）罪状阐述

在信息化、国际化背景下，大量犯罪的技术支持行为逐渐出现，并且越来越表现出专业化、集群化特征。伴随网络犯罪的不断复杂化，犯罪服务行为的表现形态越来越多样化，对网络犯罪实施来说，信息技术支持是必备的、往往也是至为关键的因素，帮助行为成为消除网络犯罪技术阻碍的重要一环。

帮助信息网络犯罪活动罪是2015年《刑法修正案（九）》增设的新罪名。2019年最高人民法院、最高人民检察院通过的《关于办理非法利用信息网络、帮助信息网络犯罪活动等刑事案件适用法律若干问题的解释》明确了这一罪名的适用。然而在2022年，最高人民检察院发布的"2021年全国检察机关主要办案数据"显示，仅2021年，帮助信息网络犯罪活动罪的起诉数量就高达12.9万人。2022年8月1日，中国司法大数据研究院发布的《涉信息网络犯罪特点和趋势（2017.1—2021.12）司法大数据专题报告》显示：在2017—2021年涉网犯罪的282个罪名中，帮助信息网络犯罪活动罪累计案件数量排名第二，占比为23.76%；2017—2021年全国各级法院一审审结的帮助信息网络犯罪活动罪各年度占比分别为0.06%、0.07%、0.22%、5.78%和54.27%，案件增长势头迅速。[1]这些司法数据印证了对犯罪提供网络技术帮助的行为高发性，现实与网络中存在大量促成犯罪的工具性诱因。

在帮助信息网络犯罪活动罪高发的背景下，对于该罪构成要件的解释研究也较多。例如，在主观认定环节，司法机关对于明确行为人是否"明知"尤为重视，对于"明知"的解释就存在多种观点。（1）明知只能是确知，亦即明确知道、明明知道。[2]即是一种现实的认识，而不是潜在的认识。如果行为人只有一定程度的合理怀疑，或者只是模糊的知道，那不是犯罪故意中的明知。明知是具体的、有针对性的，不能是抽象的。[3]（2）明知包括明确知道和可能知道，即明确知道是指一种达到行为人内心可以确信的认识状态，而可能知道只是达到了行为人内心的一种盖然性认知、

---

① 参见"2021年1至9月全国检察机关主要办案数据"，《检察日报》2021年10月19日。

② 蔡桂生：《国际刑法中"明知"要素之研究——以〈国际刑事法院罗马规约〉第30条为例》，《法治论丛（上海政法学院学报）》2007年第5期。

③ 涂龙科：《网络内容管理义务与网络服务提供者的刑事责任》，《法学评论》2016年第3期。

或然性认识或者概括认识程度。（3）明知包括知道（确知）和应当知道（应知）。但实际上，司法机关对主观明知的认定呈现扩张趋势，甚至为了规制网络犯罪而采用较低的认定标准，导致对"明知"的具体解释内容产生争议。其实为了遏制主观明知的司法扩张，应避免将其解释为"可能知道"，而应解释为"明确知道"，发挥主观明知要件在犯罪成立中的实质限缩作用。而关于该罪是否属于帮助行为正犯化的问题，有学者认为，《刑法》第二百八十七条之二第一款并没有将帮助行为正犯化，只是对特定的帮助犯规定了量刑规则，即量刑的正犯化；①但也有学者认为，刑法总则的规定对刑法分则具有指导意义，如果认为帮助信息网络犯罪活动罪是刑法总则共犯规定以外的一种量刑规则，这种场合不再适用刑法总则有关从犯、帮助犯的规定，那么就会使得刑法总则共犯原理被搁置、架空，也就取消了总则对分则的指导作用，总则与分则之分也会不再存在。②

按照《刑法》第二百八十七条之二的罪状表述，本罪要求行为人明知他人利用信息网络实施犯罪。如何理解这里的"犯罪"，也有两种不同的观点：第一种观点认为是指符合犯罪构成意义上的犯罪，按照我国传统的四要件犯罪论体系，是指符合犯罪构成的四个要件；按照大陆法系三阶层犯罪论体系，是指具备构成要件该当性、违法性和有责性三个要件。第二种观点认为是指犯罪行为意义上的犯罪，按照我国传统的四要件犯罪论体系，是指符合犯罪客观方面的行为要件；按照大陆法系三阶层犯罪论体系，是指该当客观构成要件的行为。这里的犯罪，是指广义上的犯罪，即客观上引起了侵害法益的结果，符合客观犯罪构成的行为，其并不一定要受到刑罚处罚。③根据这两种不同的观点来分析具体案件，会得出不同的结论：按照前一种观点，没有刑事责任能力的人实施的信息网络违法行为，具有刑事责任能力的人实施的没有达到法定罪量的信息网络违法行为，如被帮助人实施的传播淫秽物品牟利行为未达到法定数量或者违法所

---

① 张明楷：《论帮助信息网络犯罪活动罪》，《中国检察官》2016年第7期。

② 刘艳红：《网络犯罪帮助行为正犯化之批判》，《法商研究》2016年第3期。

③ 黎宏：《论"帮助信息网络犯罪活动罪"的性质及其适用》，《法律适用》2017年第21期。

得数额的，就不属于《刑法》第二百八十七条之二中的信息网络犯罪，相应的，帮助他人实施这些信息网络违法行为的，也不成立帮助信息网络犯罪活动罪。按照后一种观点，上述所列情形都属于信息网络犯罪，相应的，帮助他人实施这些行为的，就会成立帮助信息网络犯罪活动罪。[①]

帮助信息网络犯罪活动罪规定与诈骗罪帮助犯规定的理论竞合争议，存在着想象竞合与法条竞合两种。以帮助信息网络犯罪行为人与诈骗正犯之间是否需要犯意联络为标准，可将想象竞合观点分为两种。一种是帮助信息网络犯罪行为人与诈骗正犯能否构成想象竞合，需要依据帮助信息网络犯罪行为人主观上犯意联络的程度进行判断。如果行为人对电信网络诈骗正犯的行为具有明确的认知，即不仅知道电信网络诈骗正犯实施的是诈骗罪的实行行为，而且与电信网络诈骗正犯之间具有紧密的犯意联络，两者就构成想象竞合。[②]反之，则不构成想象竞合。另一种是帮助信息网络犯罪行为人与诈骗正犯之间不需要意思联络。[③]前者的理论根据虽然以共犯从属性为通说，但也有从共犯独立性进行论述的，而后者的理论根据是片面共犯理论。

教唆他人实施上述帮助行为的，不成立教唆犯，仅成立帮助犯；单纯帮助他人实施犯罪行为，而没有对正犯结果起作用的，不受处罚。例如，甲明知乙要依托网络实施某犯罪，暗中为其提供网络技术支持，乙虽然成功实施了该犯罪，但对甲的帮助不知情，也没有利用甲所提供的技术，甲不成立帮助信息网络犯罪活动罪。

还需注意，如果是网络平台提供者与连接服务商实施的中立帮助行为，原则上不符合"情节严重"的要求，因而原则上不承担刑事责任（从事中立的业务行为者对他人利用自己的业务行为进行犯罪不具有认识，或者只具有概括性认识，这是中立的业务行为与犯罪的帮助行为区分的关键

---

① 孙运梁：《帮助信息网络犯罪活动罪的核心问题研究》，《政法论坛》2019年第2期。

② 参见劳东燕：《首例"微信号解封"入罪案的刑法分析》，《人民检察》2021年第6期。

③ 参见王兵兵：《"共犯正犯化"立法质疑——以帮助信息网络犯罪活动罪的增设为视角》，《苏州大学学报（法学版）》2017年第1期。

因素之一）。反过来说，只有情节严重时，才能适用我国《刑法》第二百八十七条之二的规定。至于情节是否严重，需要根据全部事实进行综合判断，例如，对正犯起帮助作用的行为是否明显超出业务范围，所帮助的信息网络犯罪活动的性质与后果，帮助行为对正犯结果所起的作用大小，所帮助的信息网络犯罪活动的数量多少，等等。

需要指出，有学者认为，网络帮助行为（尤其是技术帮助行为）的危害性常常超越了实行行为的危害性：一方面，技术帮助行为往往是突破网络犯罪技术阻碍的关键因素，后续的实行行为反而不是实现法益侵害的关键步骤；另一方面，技术帮助行为（尤其是职业化的技术帮助行为）借助网络特性实现了"一对多"帮助，成为危害性累积的关键步骤。如果帮助的是无数多的人、无数多的行为（尤其是多个严重罪名），在共犯行为作为正犯入罪之前，作为帮助犯定性的行为，原本可以基于和多个正犯构成多个共同犯罪，进而按照数罪并罚规则达到可能非常高的总和刑期。

帮助信息网络犯罪活动罪规定与诈骗罪帮助犯规定竞合案件，有以帮助信息网络犯罪活动罪，诈骗罪，帮助信息网络犯罪活动罪与诈骗罪数罪并罚三种定性与处罚现状。对其不仅应依法条竞合类型进行解释，而且应当依据纯正法条竞合处理原则，对前述案件进行类型化处理。如果网络帮助电信网络诈骗犯罪的行为人，不仅具有帮助他人实施网络诈骗的故意，而且具有参与实施电信网络诈骗的故意，同时符合诈骗罪规定与帮助信息网络犯罪活动罪规定的两个构成要件时，可对其双重定性，数罪并罚。

（三）典型案例

案例一：卢某、邓某、何某、彭某帮助信息网络犯罪活动案[①]中，被告人卢某通过架设GIOP设备插手机卡、协助上线冒充公检法工作人员的方式，与他人共同实施电信诈骗。被告人邓某具体负责和台湾老板对接，按台湾老板的指令插卡、换卡、测试，确保设备正常运转，还负责财务工

[①] 湖南省长沙县人民法院（2020）湘0121刑初250号刑事判决书。

作。被告人何某具体负责租房、接收台湾老板通过快递邮寄的电话卡等设备、测试电话卡等工作。被告人彭某主要负责收发快递，跟随被告人卢某、邓某、何某学习如何操作设备，并与被告人卢某一起架设、调试设备。法院认为被告人邓某、何某、彭某的行为，既符合帮助信息网络犯罪活动罪的构成要件，又符合诈骗罪帮助犯的构成要件。鉴于两个规定是想象竞合关系，所以应对卢某、邓某、何某、彭某判处诈骗罪。

案例二：刘某帮助信息网络犯罪活动案[①]中，被告人刘某在网络上从事搭建网站的中介，其按照客户的要求托人搭建网站后卖给客户并负责网站的后期维护等工作，从中赚取差价。2020年8月，被告人刘某在明知他人利用其售卖的网站从事诈骗活动的情况下仍将一个网名为"中微影视"的网站卖给一网名为"超级无敌大白菜"的人，在明知"超级无敌大白菜"用该网站实施诈骗的情况下仍多次帮其更改域名，从中非法获利11400元。法院认为，因为帮助信息网络犯罪活动罪规定与诈骗罪帮助犯规定构成法条竞合，所以刘某某明知其搭建的网站被他人用于电信诈骗，仍提供帮助的行为，既符合帮助信息网络犯罪活动罪的构成要件，又符合诈骗罪帮助犯的构成要件。但《刑法》第二百八十七条之二第三款规定了"有前两款行为，同时构成其他犯罪的，依照处罚较重的规定定罪处罚"，所以对于刘某某的行为，应以诈骗罪追究刑事责任。

案例三：黄某等帮助信息网络犯罪活动案[②]中，2019年10月至2020年9月，被告人黄某、景某在经营被告单位过程中，在明知被告单位开发的虚拟币交易所软件，具备后台随意新增币种、任意修改交易价格、凭空制造交易流量等可能被他人用于网络犯罪活动功能的情况下，仍组织被告单位员工罗某1、蓝某、罗某2、何某、黎某、林某、金某、江某、袁某等人开发，并向境外人员出售MMK、GAS、AOC等虚拟币交易所软件，并为上述软件提供运行维护服务，以此得款56万余元归于被告单位。被告人高某在明知境外人员购买并使用上述软件系从事网络犯罪活动的情况下，

---

① 深圳市宝安区人民法院（2021）粤0306刑初519号刑事判决书。
② 上海市青浦区人民法院（2021）沪0118刑初1369号刑事判决书。

仍受境外人员指使，帮助境外人员运行维护上述软件。后境外诈骗犯罪分子，使用上述软件从事网络诈骗犯罪，骗得俞某、曹某1、曹某2资金数百万元。法院认定被告单位明知他人利用信息网络实施犯罪，仍为其犯罪提供帮助，情节严重，构成帮助信息网络犯罪活动罪；被告人黄某、景某、罗某1、蓝某、高某、罗某2、何某、黎某、林某、金某、江某、袁某作为被告单位直接负责的主管人员和其他直接责任人员，明知他人利用信息网络实施犯罪，仍为其犯罪提供帮助，情节严重，其行为均已构成帮助信息网络犯罪活动罪，应依法予以惩处。

案例四：G公司、徐某等帮助网络犯罪活动案①中，2018年谢某、蔺某等人（均另案处理）成立的H公司开发了一款捕鱼游戏欲上市，没有游戏版号、ICP等一系列游戏上市的资质。G公司与被告人徐某各出资100万元入股成为H公司股东。2019年3月，G公司将版号借给H公司用于游戏上架。H公司经营的多款捕鱼游戏陆续上架以后，由于支付宝、微信支付通道和游戏版号、ICP等不一致被风控，应H公司和谢某要求，被告人徐某安排被告人包某分别于2019年12月初、2020年2月中旬先后将G公司的微信和支付宝结算通道给H公司使用。后G公司收到玩家投诉捕鱼游戏涉嫌赌博的情况后，将收到的投诉报给被告人徐某，被告人徐某安排被告人包某与H公司联系处理，但并未对游戏是否涉赌进行审核也未采取任何措施有效控制H公司的涉赌游戏继续上市，给社会造成不良影响。法院认为，被告单位G公司和被告人徐某、包某明知他人利用信息网络实施犯罪，仍为其提供支付结算等帮助，判处帮助信息网络犯罪活动罪。

---

① 湖南省安化县人民法院(2021)湘0923刑初254号刑事判决书。

十二、单位行贿罪

（一）相关的规范性文件

1.《中华人民共和国刑法》

第三百八十九条　为谋取不正当利益，给予国家工作人员以财物的，是行贿罪。

在经济往来中，违反国家规定，给予国家工作人员以财物，数额较大的，或者违反国家规定，给予国家工作人员以各种名义的回扣、手续费的，以行贿论处。

因被勒索给予国家工作人员以财物，没有获得不正当利益的，不是行贿。

第三百九十条　对犯行贿罪的，处五年以下有期徒刑或者拘役，并处罚金；因行贿谋取不正当利益，情节严重的，或者使国家利益遭受重大损失的，处五年以上十年以下有期徒刑，并处罚金；情节特别严重的，或者使国家利益遭受特别重大损失的，处十年以上有期徒刑或者无期徒刑，并处罚金或者没收财产。

单位犯前款罪的，对单位判处罚金，并对其直接负责的主管人员和其他责任人员，依照前款规定处罚。

第三百九十三条 单位为谋取不正当利益而行贿，或者违反国家规定，给予国家工作人员以回扣、手续费，情节严重的，对单位判处罚金，并对其直接负责的主管人员和其他直接责任人员，处五年以下有期徒刑或者拘役，并处罚金。因行贿取得的违法所得归个人所有的，依照本法第三百八十九条、第三百九十条的规定定罪处罚。

2.最高人民法院《关于审理单位犯罪案件具体应用法律有关问题的解释》

第一条 刑法第三十条规定的"公司、企业、事业单位"，既包括国有、集体所有的公司、企业、事业单位，也包括依法设立的合资经营、合作经营企业和具有法人资格的独资、私营等公司、企业、事业单位。

3.最高人民法院、最高人民检察院《关于办理行贿刑事案件具体应用法律若干问题的解释》

第十二条 行贿犯罪中的"谋取不正当利益"是指行贿人谋取的利益违反法律、法规、规章、政策规定，或者要求国家工作人员违反法律、法规、规章、政策和行业规范的规定，为自己提供帮助或者方便条件。

违背公平、公正原则，在经济、组织人事管理等活动中，谋取竞争优势的，应当认定为"谋取不正当利益"。

4.最高人民法院、最高人民检察院《关于办理贪污贿赂刑事案件适用法律若干问题的解释》

第八条 犯行贿罪，具有下列情形之一的，应当认定为刑法第三百九十条第一款规定的"情节严重"：

（一）行贿数额在一百万元以上不满五百万元的；

（二）行贿数额在五十万元以上不满一百万元，并具有本解释第七条第二款第一项至第五项规定的情形之一的；

（三）其他严重的情节。

为谋取不正当利益，向国家工作人员行贿，造成经济损失数额在一百万元以上不满五百万元的，应当认定为刑法第三百九十条第一款规定的"使国家利益遭受重大损失"。

第九条 犯行贿罪，具有下列情形之一的，应当认定为刑法第三百九十条第一款规定的"情节特别严重"：

（一）行贿数额在五百万元以上的；

（二）行贿数额在二百五十万元以上不满五百万元，并具有本解释第七条第二款第一项至第五项规定的情形之一的；

（三）其他特别严重的情节。

为谋取不正当利益，向国家工作人员行贿，造成经济损失数额在五百万元以上的，应当认定为刑法第三百九十条第一款规定的"使国家利益遭受特别重大损失"。

5.最高人民法院、最高人民检察院、公安部、国家安全部、司法部《关于规范量刑程序若干问题的意见》

对于认罪认罚案件量刑建议的提出、采纳与调整等，适用最高人民法院、最高人民检察院、公安部、国家安全部、司法部《关于适用认罪认罚从宽制度的指导意见》的有关规定。

6.国家税务总局《关于回扣、佣金、手续费等问题处理意见的通知》

一、各级税务机关和税务人员在印制各种税收票证、加工制服、基建和采购大宗物品等公务活动中，一律不准接受对方以任何名义和方式给予的回扣（含实物，下同），凡接受回扣的，按受贿论处。在公务活动中接受的佣金、手续费要交有关部门，按有关规定进行处理，具体承办部门和个人一律不准留作自用，不准私分。

7.《监察管辖101个罪名管辖机关及立案标准一览表》

9.介绍贿赂罪（第392条）

涉嫌下列情形之一的，应予立案，处三年以下有期徒刑或者拘役，并处罚金：1.介绍个人行贿3万元（参照最新解释行受贿标准）以上的；介绍单位行贿20万元以上的；2.介绍贿赂数额不满上述标准，但具有下列情形之一的：（1）为使行贿人获取非法利益而介绍贿赂的；（2）3次以上或者为3人以上介绍贿赂的；（3）向党政领导、司法工作人员、行政执法人员介绍贿赂的；（4）致使国家或者社会利益遭受重大损失的。

10.单位行贿罪（第393条）

涉嫌下列情形之一的，应予立案，处五年以下有期徒刑或者拘役，并处罚金：1.单位行贿20万元以上的；2.单位行贿，数10万元以上不满20万元，但具有下列情形之一的：（1）为谋取非法利益而行贿的；（2）向3人以上行贿的；（3）向党政领导、司法工作人员、行政执法人员行贿的；（4）致使国家或者社会利益遭受重大损失的。

19.对非国家工作人员行贿罪（第164条）

①个人行贿6万元以上，单位行贿20万元以上，应予立案，处三年以下有期徒刑或者拘役。

②行贿200万元以上，处三年以上十年以下有期徒刑，并处罚金。

（二）罪状阐述

贪污贿赂等涉及行政权力腐败的整治困境是当今世界各国均重点关注的问题，尤其是对于发展中国家而言，行政机构或相关官员腐败不仅破坏了本国政府为社会提供基本服务的能力与效率，同时也削弱了国家治理权威，扭曲国家利益整合功能，甚至会造成"软政权化"趋势①，腐败的社

---

① 曹鑫、李斌雄：《新时代反腐败斗争的逻辑理路、成就及经验》，《湘潭大学学报（哲学社会科学版）》2023年第5期。

会环境也会阻却国际社会的投资与援助，进一步导致发展中国家的发展滞后，加大世界贫富差距。因此，国际社会一直拥有高度的反腐决心。2003年联合国大会通过了历史上第一个用于指挥国际反腐败斗争的法律文件，即《联合国反腐败公约》，开启了国际上正式共同治理腐败问题的历程。在中国，党的十八大以来，以纵深推进的反腐败斗争，取得了巨大成就。在刑事立法上，我国刑法中规定了对于行贿受贿、贪污、滥用职权等行为的刑事处理。本章主要讨论单位行贿罪①（《刑法》第三百八十九、三百九十三条）。《刑法》第三百八十九条规定："为谋取不正当利益，给予国家工作人员以财物的，是行贿罪；因被勒索给予国家工作人员以财物，没有获得不正当利益的，不是行贿。"虽然这里将行贿进一步细分为主动型行贿与被动型行贿，但我国行贿罪的行为方式只包括"给予"，贿赂标的只包括"财物"。②

单位行贿罪以谋取不正当利益为前提，但实践中利益正当与否的界限有时并非泾渭分明。谋取不正当利益包括两种情况：（1）利益本身不正当（实体不正当），即行贿人谋取违反法律、法规、规章或者政策规定的利益；（2）谋取利益的手段不正当（程序不正当），即要求对方违反法律、法规、规章、政策、行业规范的规定提供帮助或者方便条件。当然，利益正当与否是客观判断而非主观判断，例如，行为人误以为谋取的是不正当利益，但实际上是正当利益的情况，不构成单位行贿罪。实践中普遍存在争议的是行贿人谋取的利益本身并未违反相关法律规定时是否可以认定为谋取不正当利益。例如，请托公安局局长在没有犯罪事实的情况下对竞争对手刑事立案并采取强制措施，这种请求明显违背了法律规定，属于谋取不正当利益。但是，如果是为了矿建工程能够顺利进行并能及时结算工程款，而向相关主管部门行贿，其谋取的利益为"工程顺利进行"和"及时

---

① 相较于普通行贿罪，单位行贿罪只是主体与犯罪数额标准不同。因而若仅看犯罪构成，单位行贿罪和行贿罪之间仅犯罪主体不同。

② 但是2016年4月18日最高人民法院 最高人民检察院《关于办理贪污贿赂刑事案件适用法律若干问题的解释》第十二条规定："贿赂犯罪中的'财物'，包括货币、物品和财产性利益。"换言之，我国司法解释其实已经将"财物"扩张性地理解为包含财产性利益。

结算工程款"，并未违反相关法律规定，属于合法利益，一般不构成行贿罪。还有的情况是，行贿人虽然向国家工作人员实施了行贿行为，但并未要求国家工作人员违法向其输送利益，而是希望在国家工作人员的帮助下，行贿人可以按照相关法律规定获得一定利益。例如，在工程招投标中，投标人的资质和实力具有明显的竞争优势，但为了保险起见，其依然选择给予负责项目招投标的国家工作人员或者评委等相关负责人以财物。在这种情况下，行为人行贿的目的并不是避开招投标程序，借助国家工作人员的职务便利直接获得相关项目，而是希望通过正常的招投标程序，合法合规地获得相关项目。从形式上看，行贿人获得招标项目工程的程序完全符合法律规定，但是根据司法解释规定，行为人在具有竞争性的经济活动中，以行贿行为谋取竞争优势，属于谋取不正当利益，其行为构成行贿罪。在这种情况下，虽然行贿人谋取的利益是合法的，但其属于预期性利益，利益的取得有一个过程，在取得过程中具有不确定性，行贿人的目的是赋予此种利益以更大可能性。反之，如果是确定利益，即使行为人给予国家工作人员财物，该利益就不应当被认定为不正当利益了。正是由于利益的不确定性，行贿人为了顺利获取该利益，向国家工作人员实施行贿行为，进而提高获取利益的可能性，属于谋取竞争优势的一种。不仅如此，从该问题衍生出来的是，"谋取竞争优势"属于一种主观判断，尤其是在具有竞争性的活动中，参与人员一旦对享有评判权力的人员实施行贿行为，就可能会在工作人员内心产生影响，从而获得一定的竞争优势。即使整个过程完全按照法律规定的程序进行，行贿人获取该利益的程序符合相应的规范，但是一般认为这种情况依然属于"谋取不正当利益"。从本质上看，行贿人谋取的利益是否正当并不应当从行贿人请托的角度予以判断，而应当从国家工作人员履职的角度来判断。也就是说，利益正当与否取决于国家工作人员的行为是否有违公平公正。因此，行贿罪中的正当利益非法化是通过国家工作人员的权力不当行使而形成的。如果行贿人谋取的利益具有法律上的正当性，国家工作人员在履职上不需要采用违法或者违规的方式让其获得，也并不意味着就不构成行贿。例如办案人员在办案过程中私下接受案件当事人的宴请，违反了办案规定，属于违背职务行为。即便行贿人谋取的利益只是"尽快结案、保密调查"等，但仍构成行贿犯罪。

需要注意的是，国家工作人员收受财物后实施的违法行为必须与其职务紧密相联，而不能与职务无关。每个国家工作人员都具有相应的职能范围，其职务特征和特性都具有区分性，都有相对应的工作内容和职责。如果国家工作人员在收受贿赂后实施的行为脱离了其日常的工作内容，则不宜认定为违背职务的行为（但是，如果该国家工作人员利用同一单位内不同部门间的合作或人际关系而为请托人实施相关行为，一般仍应当认为其实施的违法行为其职务紧密相联）。

行贿的表现形式可以分为：

（1）主动行贿：为了利用国家工作人员的职务行为（包括利用国家工作人员的斡旋行为），主动给予国家工作人员以财物（包括向斡旋受贿者给予财物）。

（2）被索取贿赂：在有求于国家工作人员的职务行为时，由于国家工作人员的索取而给予国家工作人员以财物。但根据《刑法》第三百八十九条的规定，因被勒索给予国家工作人员以财物，没有获得不正当利益的，不是行贿。这属于消极的构成要件要素的规定。

（3）约定行贿：在经济往来中，违反国家规定，给予国家工作人员以财物，数额较大的，或者违反国家规定，给予国家工作人员以各种名义的回扣、手续费的，以行贿论处。

（4）事后行贿：在国家工作人员利用职务上的便利为自己谋取利益时或者为自己谋取利益之后，给予国家工作人员以财物作为报酬的。

这里需要注意的是，如果国家机关工作人员违背职务行为是出于领导的指令，而又因该违背职务的行为获得了当事人事后的行贿，由于违背职务行为与行贿行为之间缺乏因果性，因此不构成行贿罪。

此外，违背职务行为作为正当利益非法化的依据，必须与国家工作人员的受贿行为区分开来。国家工作人员实施的职务违法行为必须独立于受赂行为，即在受贿行为之外又实施了其他职务违法行为。如果国家工作人员除了受贿以外，没有任何违背职务的行为，则说明行贿人谋取的利益具有正当性，不应当认定其构成行贿罪。

从司法实践来看，行贿人与受贿人往往具有较高的反侦查意识，行贿的意思表示与请托内容往往均是"点到即止"，而不会直言，甚至在行为举止上具有一定暧昧性，尤其是行贿人谋取的利益具有合法性的情况下，行贿人请托的内容往往未必能直接体现其主观上是否具有"谋取不正当利益"的目的。例如，行贿人在向国家工作人员行贿时提出希望国家工作人员"帮帮忙"，或者是"指条路"。此时，"帮帮忙""指条路"等话语的用意与内涵较为丰富，既可以理解为要求国家工作人员提供职务违法行为的帮助，也可以理解为要求国家工作人员提供正常的履职行为。在案件中没有其他证据的情况下，一般应当按照"存疑有利于被告人"的原则，认定行贿人主观上没有"谋取不正当利益"的目的。

《刑法修正案（九）》给（单位）行贿罪增加了罚金刑。同时，《刑法修正案（九）》对从宽处罚情节规定了严格标准，行贿人在被追诉前主动交代行贿行为的，可以从轻或者减轻处罚。其中，犯罪较轻的，对侦破重大案件起关键作用的，或者有重大立功表现的，可以从轻或免除处罚。如果行为人交代行贿行为，使得相对的国家工作人员的受贿犯罪行为被侦破，不能认定为立功。但如果行为人交代了自己的行贿行为，为查获受贿犯罪行为提供了线索，但在案件推进过程中查实该行为人的行贿行为不构成犯罪的，就可以认定其在相关国家工作人员的受贿犯罪案件中立功了。由于刑法分则对本罪的自首和立功情况已经独立规定处理办法，故不再适用刑法总则有关自首和立功的规定，但如果行贿人被追诉后揭发的是受贿人与其行贿无关的其他犯罪行为，查证属实的，则依照《刑法》第六十八条关于立功的规定，可以从轻、减轻或免除处罚。在罪数上，因行贿而进行违法活动构成其他犯罪的，应分别定罪，数罪并罚。例如，单位因行贿而进行走私等违法犯罪活动，构成单位行贿罪与走私罪，数罪并罚。

在个人行贿罪与单位行贿罪的区分上，如果单位行贿谋取的是个人利益（违法所得与利益归个人所有的），按个人行贿处理。如果违法所得部分归属单位、部分归属个人，原则上应当按照单位行贿和个人行贿分别处理，对单位认定单位行贿罪，对个人认定行贿罪。但是，当利益归属过于悬殊时，应当只对获得绝大多数违法所得者认定为犯罪。比如，绝大部分违法所得归属单位，应认定单位行贿罪，对分得极少数违法所得的个人，不宜认定为行贿罪。此外，还要考虑受贿或者行贿行为体现的是单位的整体意志还是个人的意志。一个犯罪行为，如果既不是经单位集体研究决定的，又不是由有关负责人员决定的，就不可能是单位故意犯罪。当然，犯罪行为的决策主体，并不是认定单位受贿犯罪整体意志唯一的或绝对的根据。有的犯罪行为，表面上是由单位的决策机构或有关负责人员决定的，但实质上可能并不体现单位的整体意志，所以，除了从决策主体进行判断外，还必须结合犯罪利益的归属进行综合判断。①

对于未经行政许可而构成犯罪的行政犯而言，行贿人通过行贿取得行政许可后从事相应行为的，不能认定为其他犯罪。比如行为人通过行贿获得专营专业许可，不能认定为非法经营罪，只成立单位行贿罪。

对此，企业可以采取的合规行动包括：其一，制定反腐败内部管理制度，明确规定不得出现任何形式的贿赂行为。其二，建立内部控制体系，确保其财务和业务活动合规运作。其三，制定审计程序，明确职责分工，建立相应制度和规范，确保企业运营和员工行为符合相关法律法规的要求。其四，定期进行风险评估，对可能存在的腐败和贪污风险进行排查和监控，根据评估结果优化企业的风险控制措施，提高内部控制的有效性和可靠性。其五，加强员工培训，培训内容应覆盖各种贿赂行为的防范、内部控制体系的运作、风险评估和纠正措施等，同时还应加强政治素养培训和教育，提高员工反腐败的意识和能力，为企业的可持续发展提供坚实的保障。其六，建立监督机制，完善投诉举报机制，加强对员工行为的监管。定期开展内部审计，对员工行为进行全面检查，及时发现问题并采取有效措施进行整改，对违规行为进行严肃处理。总之，企业应当坚持合规

---

① 肖中华：《论单位受贿罪与单位行贿罪的认定》，《法治研究》2013年第5期。

经营、廉洁经营的原则，认真贯彻执行反腐败和反贪污政策，建立完善的内部控制体系，加强员工教育和监督，从而确保企业合规运营，维护市场秩序和公平竞争环境。

（三）典型案例

案例一：何某行贿案[1]中，何某为了矿建工程的顺利进行并能及时结算工程款，先后两次向矿长行贿共计30万元。何某谋取的利益为"工程顺利进行"和"及时结算工程款"，并未违反相关法律规定，属于合法利益。但是，法院经审理后认为其谋取了不正当利益，并最终判决其行为构成行贿罪。

案例二：在L公司行贿案[2]中，L公司与Q公司签订了合作协议书，约定中介费用为成交金额的10%，其中包含处理公关的好处费和回扣款。这一中介费的比例远高于行业标准。法院认为L公司构成单位行贿罪。

案例三：在广东J公司行贿案[3]中，J公司有意开发惠州市某地块，但一直未能获得该地块的土地使用权。J公司直接负责的主管人庄某与副市长黄某提议，由黄某出面协调拿下该地块的使用权，然后由J公司开发。作为回报，以黄某之子设立的J公司的名义虚假出资人民币1500万元，占有该项目30%的股份及收益。后庄某于2013年至2014年期间多次以"分红"的形式送给黄某及其子人民币950万元、港币1350万元。此外，2009年9月，在该项目运作过程中，黄某及其子以"借款"名义要求庄某支付人民币200万元，庄某通过其妻子周某的银行账户将人民币200万元汇给黄某，后庄某将这笔款项计入黄某的"分红"。法院最终判决J公司构成单位行贿罪。

---

[1] 宁夏回族自治区中卫市中级人民法院(2015)卫刑再终字第2号刑事判决书。

[2] 北京市高级人民法院(2020)京刑终57号刑事判决书。

[3] 广东省高级人民法院(2016)粤刑终1718号刑事判决书。

后记一

我原来学的并不是法律，因为对法律的热爱，自学并通过司法考试后，改行做了律师。作为半路出家、非法学科班出身的律师，我对于法律学术专著的撰写有着无法克服的心理障碍。即使完稿了，内心还是很惶恐。我从来没有想到有一天会有勇气将自己的执业思考写出来，总担心过于浅薄，有辱行业水准。

我在执业初就坚定地往企业法律顾问方向发展，在摸索前进的过程中发现中国的企业家，特别是中小企业家很容易一不小心就走向了"犯罪"的道路，他们似乎背负着比一般"个人"更"重"的法律责任。在十多年的执业经历中，我接触并办理了大量刑事案件，有不少是与企业犯罪相关的案件，对此我感触颇深。近两年，无论是理论界还是实务界都燃起了对"企业合规"的热烈讨论。为更好地避免企业涉刑，促进经济发展，与企业相关的犯罪自然也就受到了更多的关注。我觉得，哪怕有很多不足，也可以将自己执业经历中的点滴思考总结出来与大家分享。这期间恰巧又受到了段知壮博士的鼓励，在他的帮助和指导下，我开启了本书的写作生活。在本书写作的过程中，又得到了很多同行、朋友的支持和帮助，特别是在段知壮博士的协调沟通下，我们与浙江师范大学行知学院法学院的部分同学们组建了"单位犯罪案例研讨小组"。本书作为法学专业学生法律实践学习的重要组成部分，许多同学都参与了相应章节的研究与讨论，特说明如下：

生产、销售伪劣产品罪：朱航宇、徐如婷、陈悦

妨害对公司、企业的管理秩序罪：曹爽后

破坏金融管理秩序罪：杨雨彤、叶凯宇

金融诈骗罪：陈晗、费馨蕊

危害税收征管罪：冯学文

侵犯知识产权罪：俞慧蓉、赵淳姿

扰乱市场秩序罪：陈金金、景楚迪

侵犯公民人身权利、民主权利罪：徐梦怡、徐艺轩

侵犯财产罪：窦铮

扰乱公共秩序罪：张浩楠

妨害司法罪：沈扬政、陈安琪、蔡贝凝

破坏环境资源保护罪：吴灏芸、王思怡

贪污贿赂罪：金轩屹、郑宇琦

在一场场深入且系统的讨论之后，我与黄瑞阳共同完成了本书的撰写工作。最后我要特别感谢我的家人，他们是我坚强的精神后盾，让我能在忙碌的工作之余，全身心、有条不紊地投入写作。

经过三年疫情，我们正整装待发，真的不愿再看到企业因常见的犯罪牵绊住经济发展的脚步。希望通过本书，更多的企业家们能够了解企业常见的涉刑法律规定及案例，尽量避开雷池。安全生产、经营吧！

蔡　瑛

2023 年 2 月 24 日

后记二

蔡瑛律师邀请我合著时，我还在澳门科技大学准备着硕士研究生毕业论文。刚好那段时间，向法学领域核心期刊投稿的关于重婚罪与HIV的两篇论文都在终审时被退回，实感可惜。恰好段知壮老师与蔡瑛律师联系我并邀请我合著此书，或许这是另一个转机。

临近毕业，在几个投资人的支持下，我开设了一家科技公司，但此时我也非常惶恐，或许我不再读博，或许我另辟蹊径，但一切走着看。

黄瑞阳

2023 年 2 月 27 日